ENGELSTROMPETEN

blv garten **plus**

Monika Gottschalk

ENGELSTROMPETEN

Die schönsten Sorten
Pflegen • Überwintern • Vermehren

blv

Inhalt

Wissenswertes

Große, in voller Blüte stehende Engelstrompeten machen einen imposanten Eindruck. Ob nun Pflanzenliebhaber oder nicht – sie ziehen jeden Betrachter in ihren Bann.

Vor nicht ganz dreißig Jahren entdeckten Liebhaber die Engelstrompeten *(Brugmansia*-Arten und -Sorten) in Botanischen Gärten. Von da an begann ihr Siegeszug mit Höhen und Tiefen.

Aus der Natur in den Garten

Brugmansia sanguinea war die erste, auch im Handel erhältliche Engelstrompete – wohl auch wegen ihrer dreifarbigen Blüten und der geringen Wuchsstärke. Ihr folgte *Brugmansia suaveolens*. Zunächst gab es nur die in Weiß blühende Form, dann waren plötzlich Pflanzen mit rosafarbenen Blüten erhältlich, die wie Kleinode unter den Liebhabern gehandelt wurden. Für kleine Stecklinge zahlte man bis zu 30,– DM – ein beachtlicher Preis für die damalige Zeit! Bald boten Spezialgärtnereien eine breite Palette aller Wildfor-

◄ Beeindruckend ist das gelb-rote Farbenspiel der *B. sanguinea*-Blüten. Leider sind sie bei uns nur in kühlen Sommern blühfreudig.

men an, die die Sammlungen der Freunde der Engelstrompeten vergrößerten.

Schwierige Pfleglinge

Leider erwiesen sich viele dieser Wildarten als schwierige Pfleglinge. Besonders *Brugmansia aurea* und *Brugmansia versicolor* blühten wenig oder überhaupt nicht, und niemand wusste etwas Genaues über ihre Kulturbedingungen.
In ihrer Heimat wachsen Engelstrompeten je nach Art zu großen Büschen oder kleinen Bäumchen heran. Doch die aus Holland eingeführten Engelstrompeten waren beispielsweise mit wuchshemmenden Präparaten (Stauchmittel) behandelt und damit künstlich auf eine handliche Größe reduziert, mit dem Ziel einer frühen Blüte. Der Wuchs blieb kompakt, da der Einfluss des Mittels eine ganze Vegetationsperiode (Frühjahr bis Herbst) lang anhielt. Nach dem oft empfohlenen herbstlichen Radikalschnitt blühten sie zudem in den nächsten Jahren kaum noch.

So ließ das Interesse an Engelstrompeten nach einem Höhenflug schnell nach: Sie galten als blühfaul und problematisch. Ein paar Liebhaber begannen, Pflanzen aus Samen heranzuziehen, die sich aus Zufallsbestäubungen durch Insekten entwickelt hatten, andere züchteten gezielt. Neue Hybriden entstanden, robuster und blühfreudiger als die alten Sorten. Doch ihr Bekanntheitsgrad blieb auf wenige, engagierte Liebhaber begrenzt.

Durch wuchshemmende Mittel erhält man auch aus starkwüchsigen Engelstrompeten wie dieser *Brugmansia aurea* kompakte Büsche.

Neu entfachtes Interesse

Erst in den letzten beiden Jahren entfachten neue Berichte über Engelstrompeten in Gartenzeitschriften wieder das allgemeine Interesse an diesen schönen Kübelpflanzen. Das Wissen um die Besonderheiten im Wachstums- und Blühverhalten ist aber weiterhin noch relativ gering und selbst vielen Gärtnern nicht ausreichend bekannt, denn noch immer empfiehlt man z. B. beim Kauf, die Pflanzen im Herbst radikal zurückzuschneiden – dabei reicht ein Formschnitt im Herbst oder Frühjahr vollkommen aus.

Etwas Botanik

Engelstrompeten gehören zur Familie der Nachtschattengewächse (Solanaceae). Die Geschichte ihrer Namensgebung ist sehr wechselvoll. Die verholzenden, strauch- und baumförmigen Arten mit den großen trichterförmigen, hängenden oder seitlich abstehenden Blüten wurden einmal als *Brugmansia* in einer eigenen Gruppe zusammengefasst, dann wieder gemeinsam mit ihren krautigen Verwandten aus Mexiko, den Stechäpfeln, als *Datura* bezeich-

net. Im Ausland bereits lange üblich, setzt sich heute in Deutschland langsam wieder der alte Name *Brugmansia* für die Engelstrompete durch, die auch noch als »Baumdatura« bekannt ist.

Stechapfel und Engelstrompete lassen sich gut voneinander unterscheiden:

• Die Blüten der **Stechäpfel** *(Datura)* stehen aufrecht und sind meist nur einen Tag haltbar. Die Pflanzen sind selbstfrucht-

bar und setzen reichlich kleine, bestachelte Früchte an. Als Einjährige sind sie leicht aus Samen heranzuziehen. Eine Form mit lilafarbenen, gefüllten Blüten wird häufig in Gartencentern angeboten.

• **Engelstrompeten** (Brugmansien) mit gefüllten Blüten wiederum sind Hybriden, deren Eigenschaften nur über Stecklingsvermehrung erhalten bleiben. Engelstrompeten sind selbststeril (siehe Seite 13).

Der einjährige Stechapfel *Datura metel* mit aufrecht stehenden Blüten wird häufig angeboten.

Typische Kapselfrucht der Stechäpfel
(Datura).

Fruchtform der Engelstrompete
(Brugmansia).

Wie die meisten ihrer Verwandten aus der Familie der Nachtschattengewächse ist die Engelstrompete in allen Teilen giftig! Die Früchte haben den höchsten Giftgehalt, sind jedoch wegen ihrer Unscheinbarkeit für Kinder wenig verlockend und stellen daher kaum eine Gefahr dar.

Wie alle Nachtschattengewächse enthalten auch Engelstrompete und Stechapfel verschiedene Alkaloide. Der Anteil liegt beim Stechapfel höher, bei der Engelstrompete niedriger, er variiert dort von Sorte zu Sorte. Bedingt durch unser Klima liegt der Anteil noch niedriger als am Wildstandort der Gewächse. Stechapfel und Engelstrompete enthalten auch halluzinogene Substanzen, die, von indianischen Heilern Mixturen beigemischt, für religiöse Riten verwendet wurden. Wegen des unterschiedlichen und schwankenden Halluzinogengehaltes einzelner Pflanzen waren die Auswirkungen unberechenbar, und es wurden deshalb nur Auszüge von Blüten und Blättern verwendet. Für die Pharmaindustrie sind Brugmansien bedeutungslos geworden, da man inzwischen andere Pflanzen mit weitaus höherem Alkaloidgehalt entdeckte, die somit einen höheren wirtschaftlichen Nutzen haben.

Lockmittel Duft und Farbe

Engelstrompeten sind Nachtblüher, ihre Blüten öffnen sich also erst am Abend. Die meisten Arten und Sorten verströmen einen berauschenden Duft, der Bestäuber anlocken soll. In ihrer südamerikanischen Heimat können dies Kolibris, Falter und andere nachtaktive Insekten sein. Auch bei uns haben Insekten die Engelstrompete als Nahrungsquelle entdeckt. Nicht nur die wespenähnlichen Schwebfliegen, deren Larven wir als nützliche Blattlausvertilger so schätzen, und Nachtfalter

ernähren sich von ihrem Pollen, auch Wild- und Zuchtbienen fallen in Schwärmen ein, wenn das Nahrungsangebot in der freien Natur knapper wird. Ziel-

Viele weiß blühende Sorten beeindrucken in der Dämmerung durch die Leuchtkraft ihrer Blüten.

Die deutlich stufig angesetzten Blatthälften am Stiel werden nur in der Blühregion gebildet.

sicher fliegen sie die Narbe am Ende des Griffels an, um von dort aus auf die Staubgefäße zu gelangen. Stehen verschiedene Arten beieinander, so werden sie auf jeden Fall erfolgreich bestäubt.

Brugmansia sanguinea und *B. vulcanicola* locken ihre Bestäuber nicht mit einem wohlriechenden Duft, sondern durch die intensive Leuchtkraft ihrer Blüten an. Besonders *B. sanguinea* beeindruckt durch das gelb-rote Farbenspiel. Von den anderen Arten und Sorten seien hier die weiß blühenden Engelstrompeten erwähnt, die vor allem in der Dunkelheit gut auffallen.

Ihre Blütenfarbe verwandelt sich von einem unscheinbaren Cremeweiß während des Tages in ein weithin sichtbares, strahlendes Weiß in der Dämmerung. Leider wissen nur wenige oder haben gesehen, zu welch leuchtenden Schmuckstücken sich die Blüten in der Nacht entfalten, daher stehen farbig blühende Engelstrompeten in der Beliebtheitsskala ganz oben. In meiner Engelstrompetenallee sind weiß blühende Sorten unverzichtbar, denn sie bringen die verschiedenen farbigen anderen Hybriden erst richtig zur Geltung.

Wachstums- und Blühphase

Bevor eine Engelstrompete Blüten ansetzt, muss sie erst eine Wachstumsphase durchlaufen. Diese dauert bei jeder Pflanze unterschiedlich lange. Sie ist abgeschlossen, sobald sich die Triebspitze einem Y ähnlich teilt. In dieser Gabelung wird bei vielen Engelstrompeten die erste Knospe gebildet – das **Blühstadium** ist erreicht.

Bei Engelstrompeten mit mehreren Trieben schließt jeder einzelne Trieb die Wachstumsphase für sich ab, unabhängig von den anderen. So finden sich an mehrtriebigen Pflanzen sowohl blühreife als auch noch im Wachstum befindliche Triebe.

Anhand der Blätter lassen sich **Blüh- und Wachstumsregion** gut voneinander unterscheiden, denn sie sehen dort jeweils verschieden aus. Die Blätter der Blühregion sind viel kleiner und zeigen eine Besonderheit: Waren beide Blatthälften bislang symmetrisch, so verschieben sie sich nun, sodass der Eindruck entsteht, eine Blatthälfte sei kleiner als die andere. Je nach Sorte können die Stufen am Blattstiel 1–10 cm groß sein. Im Gegensatz zu vielen anderen Zimmer- und Kübelpflanzen beginnen Engelstrompeten also nicht ab einem bestimmten Alter zu blühen, sondern wenn die Triebe das Blühstadium erreichen.

Wird die Engelstrompete nun im Herbst auf Stummel von nur 10–20 cm Länge gestutzt, dann reicht der Schnitt bis in den Anfang des Wachstumsstadiums hinein. Die Pflanze muss nach der Überwinterung in der darauf folgenden Vegetationsperiode erneut die Wachstumsphase durchlaufen und abschließen, um blühen zu können.

Blühreife Stecklinge

Vermehrt man Engelstrompeten durch Stecklinge aus dem Blühbereich, so bleibt die Blühreife über den ganzen Lebenszeitraum der Pflanze hinweg erhalten. Nach nur kurzem Triebwachstum erfolgt ein früher Knospenansatz. Nicht nur die Pflanzen werden von Jahr zu Jahr größer und buschiger, auch die Blütenfülle nimmt zu. Zur Hauptblütezeit sind die Pflanzen dann von unten bis oben mit Blüten übersät. Stecklinge, die aus der Wachstumszone geschnitten werden, benötigen dagegen mehr Zuwachs, um das Blühstadium zu erreichen. Dieses fällt meistens wieder dem Rückschnitt im Herbst zum Opfer. Zur Vermehrung daher möglichst nur Steckmaterial aus dem Blühbereich verwenden.

Die Wildformen

Engelstrompeten gibt es in bis jetzt sechs bekannten Wildformen. Sie werden in zwei Gruppen unterteilt. In die erste Gruppe gehören *Brugmansia arborea*, *B. sanguinea* und *B. vulcanicola*. Zur zweiten Gruppe zählen *B. aurea*, *B. suaveolens* und *B. versicolor*.

Gruppe 1:
B. arborea, B. sanguinea, B. vulcanicola

Alle drei Arten stammen aus den kühleren Höhenlagen der Anden und lassen sich leicht miteinander kreuzen.

Stecklinge der Wachstumsregion (links) benötigen länger zur Blühreife als solche der Blühregion (rechts).

Diese acht Jahre alten Büsche wurden einst aus der Blühregion vermehrt.

- *B. arborea* wächst in den kühleren und trockenen Andenregionen von Ecuador bis Bolivien in einer Höhe bis zu 3 000 m. Sie ist noch wenig bekannt. Ihre kleinen, meist nur 20 cm langen, cremefarbenen Blüten duften stark (siehe Bild Seite 15).

- *B. sanguinea* wächst von Kolumbien bis nach Chile in Höhen zwischen 2 000 und 3 000 m. Sie ist wohl die bekannteste der Engelstrompete und wird in vielen Gartencentern angeboten. Ihre gelbroten, röhrenförmigen Blüten duften nicht (siehe Bild Seite 6).
- *B. vulcanicola* wächst in ca. 3 000 m Höhe. Sie hat relativ kleine Blüten und gedeiht am besten bei Temperaturen um 12–15 °C und sehr hoher Luftfeuchte (über 90 %), ist jedoch sehr anfällig für Wurzelerkrankungen.

Sowohl *B. sanguinea* als auch *B. vulcanicola* sind einem kühleren Klima angepasst, unsere warmen Sommer vertragen sie relativ schlecht und bilden deshalb nur wenige Knospen aus. Meist pendeln sich bei uns erst im September die für diese beiden Arten angenehmen Temperaturwerte ein. Leider wird jetzt aber durch die geringer werdende Tageslichtmenge die Entwicklung und vollständige Ausfärbung der Blüten wieder gehemmt. Beide Arten leiden sehr bei Virusinfizierung (siehe

Seite 85) und sind daher wegen ihrer Kurzlebigkeit nicht empfehlenswert. Man hat sie zwar mit der sehr robusten *B. arborea* gekreuzt und herrliche Farbhybriden erzielt, jedoch besitzt nur eine geringe Anzahl dieser Hybriden eine gewisse Virustoleranz und blüht auch im Sommer zufriedenstellend.

Gruppe 2: *B. aurea*, *B. suaveolens* und *B. versicolor*

- *B. aurea* wächst vorwiegend von Venezuela bis nach Ecuador in Höhenlagen bis zu 2 500 m und ist bei uns als reine Wildform fast nur noch in Botanischen Gärten zu finden (siehe Bild Seite 16). Sie ist die wüchsigste aller Engelstrompetenarten und so entstehen große Exemplare mit viel Masse aber wenig Neigung zur Blütenbildung. Die trompetenähnlichen Blüten sind fest und lange haltbar. Sie stehen in waagerechter bis nickender Stellung an den Zweigen, duften stark und sind in Weiß, Gelb und – sehr selten – Rosa erhältlich. Die Art ist frostempfindlich, −2 °C sind für abgehärtete Pflanzen im Herbst gerade noch tolera-

bel. Die dicken Triebe reifen nur sehr langsam aus und sind daher anfällig für Kälteschäden.

- *B. suaveolens* ist die robusteste Engelstrompete ihrer Gruppe und stammt wahrscheinlich aus dem Mato-Grosso-Gebiet Brasiliens. Der hohe Zierwert ihrer Blüten sorgte frühzeitig für eine schnelle Verbreitung durch den Menschen. Die reine Wildform gibt es, wenn überhaupt, nur noch in Botanischen Gärten. Dafür stehen bei den Pflanzenfreunden Hybriden, die durch ständige Vermehrung aus hier gezogenen Samen und gezielter Auslese eine gewisse Abhärtung erlangten. Der Wuchs dieser Art ist mittelstark, ihre schräg nach unten hängenden (nickenden), trichterförmigen Blüten erscheinen den ganzen Sommer über. Die Saumzipfel sind nicht länger als 2 cm, die Blühschübe nur schwach ausgeprägt (siehe Bild Seite 40 unten).
- *B. versicolor* stammt aus dem warmen tropischen Tiefland Ecuadors und kommt daher unter den Pflegebedingungen des Liebhabers ohne Wintergarten kaum zur Blüte. Auch im Winterquartier dürfen die Temperaturen nicht unter

15 °C fallen. Die Triebe sind dünn und brüchig, der Kelch klein im Verhältnis zu der großen hängenden, bis 50 cm langen, trompetenförmigen Blüte. Die häufigsten Farben sind Weiß oder Apricot, seltener Rosa. Alle Pflanzen blühen anfangs weiß und wechseln erst dann in ihre eigentliche Tönung (siehe Bild Seite 48). Dieser Eigenart verdankt die Art auch ihren Namen (*versicolor* = verschiedenfarbig).

Kreuzungen mit den Arten aus der ersten Gruppe gelingen nicht.

Gruppe 3: Natürliche Hybriden

Neben den reinen Wildformen gibt es noch zwei natürliche Hybriden, die ohne Zutun des Menschen entstanden sind:
- **B.** × **insignis** ist eine Kreuzung zwischen *B. versicolor, B. suaveolens* und *B. suaveolens*. Sie stammt wie *B. versicolor* aus den warmen tropischen Regionen der Anden und blüht – bei uns – nur in warmen Sommern zufriedenstellend (siehe Bild Seite 37).
- **B.** × **candida** ist eine Kreuzung zwischen *B. aurea* und *B. ver-*

sicolor. Sie stammt ursprünglich aus Ecuador und wurde wegen des Zierwertes ihrer Blüten vom Menschen früh weiterverbreitet. Eine Besonderheit dieser Kreuzung ist, dass Pflanzen mit gefüllten Blüten entstehen können. Die Hybride besitzt hängende, trompetenförmige Blüten von mittlerer Größe. Die häufigsten Farben sind Weiß und Apricot, seltener Orange oder Rosa (siehe Bild Seite 28).

Die Vielfalt blühender Engelstrompeten bringt den Zauber der Tropen in jeden Garten (hier: der Langenbuscher Kübelgarten).

auf einen blick

- Engelstrompeten sind strauch- oder baumförmige Kübelpflanzen.
- Die Wildarten stammen aus Südamerika.
- Engelstrompeten sind Nachtblüher und verströmen meist einen angenehmen Duft.
- Die Pflanzen sind in allen Teilen giftig!
- Die großen trichter- oder trompetenförmigen Blüten sind weiß, cremefarben, apricot, gelb oder rosa gefärbt.
- Die meisten Arten sind selbststeril.
- Im Handel angebotene Pflanzen sind meist mit wuchshemmenden Präparaten behandelt.

Die schönsten Engelstrompeten

Durch züchterischen Fleiß sind in den letzten Jahren viele neue Sorten von den Engelstrompeten enstanden, darunter auch gefüllte Formen. Die meisten von ihnen sind noch wenig bekannt.

Natürlich möchte der Pflanzenfreund wissen, welche Arten und Sorten von Engelstrompeten er in seiner Sammlung besitzt. Eine exakte Bestimmung ist jedoch nicht machbar, da besonders die neuen Züchtungen Mehrfachhybriden sind. Sie lassen sich von der Abstammung her nicht mehr einer konkreten Art zuordnen, sondern nur in Gruppen als »einer Art ähnlich« zusammenfassen.

Dem Liebhaber genügt dies auch meistens, denn er erfreut sich an der Blütenpracht und -fülle, und nicht an einer genauen Bestimmung. Sie ist nur für den Züchter wichtig, auch wenn er des öfteren von der genetischen Vielfalt einer »reinen« Art überrascht wird.

Die Zuordnung zu einer der nachfolgend beschriebenen Gruppen ist nur an einer blühenden Pflanze möglich, denn Beschaffenheit und Behaarung der Blätter wird durch unterschiedliche Kultur und

◀ Eindrucksvoll: das 'Goldrausch'-Bäumchen mit seinen großen, hängenden Blüten.

Klimabedingungen stark beeinflusst. Die Blüten der Engelstrompeten lassen sich bei uns jedoch nur in den Sommermonaten Juli und August genauer beschreiben, denn die im Frühsommer und Herbst ausgebildeten Blüten sind kleiner, die Farben weniger ausgeprägt. Außerdem beeinflussen Standort und Pflege die Blütengröße, -fülle und Farbausprägung. Passen alle Bedingungen gut, entwickeln sich die Engelstrompeten zu ihrer vollen Schönheit.

Brugmansia arborea

Diese Art wächst langsam und hat ovale, samtig behaarte Blätter. Die Blüten verströmen einen angenehm süßen Duft. Im Gegensatz zu den anderen Engelstrompeten ist sie selbstfruchtend und bildet reichlich Früchte aus.

Das 'Engelsglöckchen', eine kleinblütige Engelstrompete mit unverwechselbarem Duft, die mehr Verbreitung finden sollte.

B. arborea liebt einen kühleren, halbschattigen Standort und nur mäßige Wassergaben. Auch leichter Frost wird vertragen. Eine sehr schöne, kleinblütige Engelstrompete, die mehr Aufmerksamkeit verdient hat.

Der Wildart sehr ähnlich ist diese großblütige Form von 'Goldenes Kornett'. Die kleinblütigere Variante zählt zum Standardsortiment im Gartencenter.

Brugmansia arborea

Herkunft: Wildform
Blüte: Cremeweiß.
Länge: 19–21 cm
Besonderheiten: Unkomplizierte, kleinblütige Engelstrompete mit gutem Blütenansatz und honigsüßem Duft.
Tipp: Auch für Anfänger. Sehr zu empfehlen.

In Gartencentern und Versandgärtnereien sind meist nur drei Sorten als Standardsortiment erhältlich. Doch die Pflanzen entsprechen oftmals nicht der angegebenen Beschreibung und werden noch immer mit wuchshemmenden Präparaten behandelt. Die hier vorgestellten Engelstrompeten sind in gut sortierten, vom Freundeskreis empfohlenen, Spezialgärtnereien erhältlich (siehe Seite 92) und nicht künstlich gestaucht.

'Engelsglöckchen'

Herkunft: Unbekannt
Blüte: Cremeweiß.
Länge: 15–17 cm
Besonderheiten: Wächst mehr breit als hoch. Guter Blütenansatz, stark duftend. Setzt von selbst keine Früchte an.

Brugmansia aurea und ähnliche Mehrfachhybriden

Engelstrompeten dieser Gruppe sind sehr starkwüchsig und bilden lange, an der Basis dicke, noch grüne Triebe, die nur langsam verholzen. Ihre Blätter sind sehr groß, oval mit glattem Rand oder stark gezähnt, leicht raufilzig oder borstig, oberseits glänzend. Die Blütenstellung ist waagerecht bis nickend, die Blüten selbst sind 22–35 cm lang, von wachsartiger Beschaffenheit und stark duftend. Die Blüten sind trompetenförmig mit langen Saumzipfeln, die Kronröhre wirkt aufgeblasen, wobei die Verengung vom Kelch verdeckt wird. Häufigste Farben: Helles Gelb bis Orangegelb; auch Weiß und – sehr selten – Rosa (mit Ausnahme der Mehrfachhybriden). Die reine Wildform von B. aurea ist nicht im Handel. Am ähnlichsten ist ihr die Sorte 'Goldenes Kornett'.

Wildformen

'Goldenes Kornett'

Herkunft: Unbekannt
Blüte: Gelb bis Goldgelb. Länge: 23–28 cm. Blütenansatz nicht immer befriedigend.
Besonderheiten: Unter diesem Namen gibt es verschiedene Sorten, die alle sehr starkwüchsig sind. Nur aus der Blühregion vermehren. Die kleinblütigen Formen der Gartencenter sind mit wuchshemmenden Präparaten behandelt.

'Rothkirch'

Herkunft: Wildform aus Südamerika
Blüte: Tiefrosa gefärbt. Länge: 27–29 cm mit langen Saumzipfeln, breiter Saumrand.
Besonderheiten: Einzige bekannte Wildform mit rosafarbenen Blüten, eine Zufallsentdeckung! Unter Idealbedingungen färben sich die Blüten in ein helles Kirschrot um. Wächst erst aufrecht, ab der Blühregion sehr sparrig und überhängend. Die Knospen bilden sich an den dünnen Trieben. Kein Rückschnitt! Verjüngung durch Stecklinge aus der Blühregion.
Tipp: Wildart mit herrlicher Blü-

Von bestechend schöner Farbe sind die großen Blüten von 'Rothkirch' mit ihren langen Saumzipfeln.

tenfarbe. Benötigt viel Platz. Rarität!

Blüten weiß:

'Duftglöckchen'

Züchter: Monika Gottschalk, Lanzenhain
Blüte: Cremeweiß.
Länge: 17–23 cm.
Besonderheiten: Langsam wachsende, reichblütige und robuste Engelstrompete.

'White Bouquet'

Züchter: G. Koitzsch, Erzhausen
Blüte: Weiß. Länge: 16–21 cm, lange Saumzipfel.

Das 'Duftglöckchen' hat sehr kleine Blüten, die in großen Mengen gebildet werden.

Besonderheiten: Reich blühende kleinblütige Engelstrompete mit schönem Blattwerk.

Das feste, samtig behaarte Blattwerk von 'White Bouquet' konkurriert mit den kleinen, gut geformten Blüten.

Ausgepflanzt zwischen blühenden Stauden kommt dieser 'Feingold'-Stamm besonders gut zur Geltung.

'Habanera' besticht durch den gewellten Saumrand und die langen Zipfel ihrer Blüten.

Blüten gelb:

'Feingold'

Züchter: Monika Gottschalk, Lanzenhain
Blüte: Gelb durchgefärbt. Länge: 28–30 cm.
Besonderheiten: Reich blühende und robuste Hybride, deren Blüten einen feinwürzigen Duft verströmen.

'Habanera'

Züchter: Monika Gottschalk, Lanzenhain
Blüte: Creme, in Gelb umfärbend. Länge: 28–30 cm.
Besonderheiten: Robuste Hybride mit sehr gutem Blütenansatz. Feste Kronenwand. Auffallend sind die langen Saumzipfel.
Tipp: Sehr empfehlenswerte Sorte.

'Loreley'

Züchter: Emma Neu, Edenkoben
Blüte: Weiß aufblühend, in Gelb umfärbend. Länge: 27–30 cm.
Besonderheiten: Sehr schöne Blütenform durch die breitere Blütenkrone mit den langen Saumzipfeln.

Die goldenen Blüten von 'Loreley' haben eine breitere Blütenkrone als üblich.

'Marygold'

Züchter: Herta Blin, Strasbourg/Frankreich
Blüte: Gelb, Länge: 28–30 cm. Robuste und reich blühende Sorte.
Besonderheiten: Robuste Hybride, die auch unter rauen Klimabedingungen reich blüht. Sehr starkwüchsig, daher nur aus dem Blühbereich vermehren.
Tipp: Sehr zu empfehlen.

'Vienna Silver Star'

Herkunft: Unbekannt
Blüte: Gelb. Länge: 22–24 cm.
Guter Blütenansatz
Besonderheiten: Schwach
wachsende, empfindliche
B. aurea-Hybride. Überwinterung nicht unter +12 °C. Wirkt
vor allem auf Grund der panaschierten (gefleckten) Blätter
als Schmuckpflanze.

Blütenfülle von 'Marygold' – trotz des
ungünstigen Klimas des Vogelsberg.

Blüten rosafarben:

'Cinderella'

Züchter: Herta Blin,
Strasbourg/Frankreich
Blüte: Kräftiges Rosa.
Länge: 30–34 cm, lange Saumzipfel. Sehr guter Blütenansatz.
Besonderheiten: Die Blütenform ähnelt der von 'Rosamond'
(siehe Seite 22), die Blütenkrone ist jedoch kleiner und der
Wuchs insgesamt schwächer.
Tipp: Empfehlenswerte,
blühwillige Hybride mit sehr
schöner Farbe.

'Flaminia'

Züchter: Herta Blin,
Strasbourg/Frankreich
Blüte: Tiefrosa. Länge: 26 bis
28 cm. Guter Blütenansatz.
Besonderheiten: Wächst nicht
ganz so sparrig wie die Mutter
(*B. aurea* 'Rothkirch', siehe
Seite 17). Trotzdem Vermehrung
aus der Blühregion empfehlenswert. Robuste Engelstrompete
mit einer schönen Blütenfarbe.
Tipp: Benötigt aufgrund der
etwas sparrigen Wuchsform
mehr Platz und ist daher nur bedingt empfehlenswert.

Mit ihrem reichen Blütenansatz und der schönen
Farbe ist 'Cinderella' ein Schmuck für Terrasse
und Garten.

'L'Amour'

Züchter: Emma Neu, Edenkoben
Blüte: Tiefrosa durchgefärbt.
Länge: 26–28 cm. Großer, auf-

Nur wenige Wochen alter, blühwilliger Steckling
von 'Flaminia'.

geblasener Kelch. Sehr guter Blütenansatz.

Besonderheiten: Sehr schöne Blütenform und -farbe. Färbt sich bei Idealbedingungen in helles Kirschrot. Sehr blühwillig. Bildet bereits als junge Pflanze reichlich Knospen.

Tipp: Eine sehr schöne, empfehlenswerte Sorte.

Die Blüten von 'L'Amour' färben sich unter Idealbedingungen in helles Kirschrot. Dieser Eigenart verdankt sie ihren Namen.

Ein Blickfang sind die großen ausgefärbten Blüten von 'Pink Lady', die in dichter Folge erscheinen.

'Pink Lady'

Züchter: Klara Baum, Leonberg
Blüte: Rosa. Länge: 30 bis 32 cm. Großer, aufgeblasener Kelch.
Besonderheiten: Mittelstarker Wuchs. Reich blühende Hybride mit einer sehr schönen Blütenform, die durch die sehr langen Saumzipfel noch hervorgehoben wird. Die Kronröhre ist fast vollständig durchgefärbt.

'Rosabelle'

Züchter: Herta Blin, Strasbourg/Frankreich
Blüte: Helles Rosa. Länge: 33–37 cm. Sehr guter Blütenansatz.

Besonderheiten: Auffällig der nach oben gerichtete Blütenstiel. Der große, aufgeblasen wirkende Kelch neigt sich durch die zunehmende Größe und das Gewicht der Blüte nach unten und erscheint wie abgeknickt.

Tipp: Robuste, unkomplizierte Engelstrompete mit einer ausgefallenen Blütenform.

'Rosalie'

Züchter: Herta Blin, Strasbourg/Frankreich
Blüte: Leuchtendes Rosa, durchgefärbt. Länge: 27–30 cm. Großer, aufgeblasener Kelch. Sehr guter Blütenansatz.
Besonderheiten: Mittelstark wachsende Engelstrompete. Be

Unverwechselbar macht 'Rosabelle' der nach oben gerichtete Blütenstiel. Der Kelch biegt sich unter dem Gewicht der großen Blüte nach unten.

Stecklingen aus der Blühregion ergibt sich ein früher Knospenansatz. Blüten von herrlicher Farbe mit langen Saumzipfeln, die durch die wachsartige Beschaffenheit gut haltbar sind. Die Kronröhre ist durchgefärbt. 'Rosalie' gehört mit ihren Geschwistern 'Rosabelle', 'Rosamond' und 'Rosie' zu den schönsten Sorten der »R«-Familie.
Tipp: Sollte in keiner Sammlung fehlen!

'Rosalind'

Züchter: Herta Blin, Strasbourg/Frankreich
Blüte: Tiefrosa. Länge: 27 bis 29 cm.

Besonderheiten: Schwach wachsende, etwas empfindliche Hybride mit einer schönen Farbe. Längere Saumzipfel, Blüten innen grünlich.

Tipp: Nur für mildere Regionen geeignet, dann aber guter Blütenansatz.

'Rosalita'

Züchter: Herta Blin, Strasbourg/Frankreich
Blüte: Tiefrosa gefärbt. Länge: 23–25 cm. Guter Blütenansatz.
Besonderheiten: Eine Engelstrompete mit kleineren Blüten in sehr schöner Farbe. Die Kronröhre ist gut durchgefärbt. Robust und sehr blühwillig.
Tipp: Sehr empfehlenswert – ähnliche kleinblütige *B. aurea*-Formen sind in dieser Farbe relativ selten.

Die Blüten von 'Rosalie' mit ihren langen Saumzipfeln sind herrlich ausgefärbt.

'Rosamond' besitzt große Blüten mit einem sehr breiten Saumrand und langen Zipfeln.

'Rosamond'

Züchter: Herta Blin, Strasbourg/Frankreich
Blüte: Kräftiges Rosa. Länge: 30–34 cm. Lange Saumzipfel. Sehr guter Blütenansatz.
Besonderheiten: Sehr großer, aufgeblasen wirkender Kelch. Die großen Blüten mit der breiten Krone und den langen Saumzipfeln erscheinen an dieser starkwüchsigen Hybride in dichter Folge. Daher nur aus dem Blühbereich vermehren.
Tipp: Empfehlenswerte, robuste und reichblühende Sorte mit sehr großen Blüten.

'Rosie'

Züchter: Herta Blin, Strasbourg/Frankreich
Blüte: Kräftiges Dunkelrosa. Länge: 27–29 cm. Guter Blütenansatz.
Besonderheiten: Diese Sorte ist auch in blütenlosem Zustand an ihren großen, rundlichen und stark gezähnten Blättern zu erkennen. Ab der Blühregion nur noch schwach wachsend. Guter Knospenansatz an Stecklingen aus Verzweigungen der Blühregion. Die Blüten haben lange Saumzipfel und sind sehr lange haltbar.

B. aurea × *suaveolens* und ähnliche Mehrfachhybriden

Meist sehr starkwüchsig, robust und sehr blühfreudig. Die Blätter sind samtig bis filzig behaart, glattrandig oder gezähnt. Die Blütenstellung ist nickend, die Blüten selbst zeigen eine Mischform zwischen trichter- und trompetenförmigen Blüten mit langen Saumzipfeln. Häufigste Farben: Weiß, selten Rosa, Gelb oder Orange (mit Ausnahmen der Mehrfachhybriden).

Blüten weiß:

'Heizrobo'

Herkunft: Unbekannt
Blüte: Weiß. Länge: 30–32 cm. Lange Saumzipfel.
Besonderheiten: Robuste, alte Sorte mit großen, gut geformten Blüten und langen Saumzipfeln. Sehr stark wachsend, daher unbedingt nur aus Verzweigungen der Blühregion vermehren.

Immer noch faszinierend: die großen weißen Blüten der alten Sorte 'Heizrobo'.

Tipp: Wegen des reichen Blütenansatzes immer noch beliebt und empfehlenswert.

Blüten cremefarben:

'Big'

Züchter: Rita Bunke, Nettetal
Blüte: Cremeweiß aufblühend, in dunklem Beige mit leichter Apricottönung abblühend. Länge: 30–33 cm. Sehr lange Saumzipfel.
Besonderheiten: Aufgrund der dünnen Kronenwand sind die Blüten nicht sehr haltbar. Guter Blütenansatz.

Blüten gelb:

'Candy Bell'

Züchter: Monika Gottschalk, Lanzenhain
Blüte: Vanillegelb. Länge: 28 bis 30 cm. Guter Blütenansatz und robuste Blüten.
Besonderheiten: Diese Kreuzung zwischen 'Charles Grimaldi' (siehe Seite 51) und 'USA Orange' (Seite 27) weist eine sehr schöne, ausgefallene Blütenform auf – der breite Saumrand wird stark zurückgerollt.
Tipp: Die Blüten verbreiten einen wunderbar süßen Duft – daher der Sortenname.

Die großen Blüten von 'Big' sind sehr dünnwandig. Die Farbe ist ein dunkles Beige mit einem Hauch von Apricot.

'Candy Bell' besitzt eine breite Blütenkrone, der Saumrand wird beim Aufblühen zurückgerollt.

'Charming'

Züchter: Monika Gottschalk, Lanzenhain
Blüte: Gelb mit goldgelbem Saum. Länge: 27–29 cm, oft sechszipfelig. Guter Blütenansatz.
Besonderheiten: Diese Halbschwester zu 'Luminosa' (siehe Seite 24) ist im Gegensatz zu dieser sehr starkwüchsig und sollte nur aus dem Blühbereich vermehrt werden. Bildet viele Blüten mit sechs und vereinzelt auch sieben Saumzipfeln aus. Die Blüten mit ihrer dicken Kronenwand sind gut haltbar.
Tipp: Eine sehr robuste, unkomplizierte Engelstrompete mit schöner Blütenform.

Viele Blüten von 'Charming' haben sechs Saumzipfel. Doch selten sind 5-, 6- und 7zipfelige Blüten so dicht beieinander zu finden.

'Goldkrone' ist nur selten blütenlos anzutreffen. Dieser vier Jahre alte Busch wurde einst aus der Blühregion vermehrt.

'Goldkrone'

Züchter: Monika Gottschalk, Lanzenhain
Blüte: Gelb mit goldgelbem Saum. Länge: 24–26 cm.
Besonderheiten: Eine langsam wachsende Hybride, die dabei mehr in die Breite als in die Höhe geht. Blütenansatz bereits bei kleinen Stecklingen.
Tipp: Sehr robuste und überreich blühende Engelstrompete.

Blüten orange-gelb:

'Luminosa'

Züchter: Monika Gottschalk, Lanzenhain

Blüte: Beim Aufblühen Gelb, Saum leuchtend Orange-Rot. Länge: 28–30 cm mit langen Saumzipfeln.
Besonderheiten: Halbschwester zur 'Charming' (siehe Seite 23), jedoch mit schwächerem Wuchs. Die Blütenkrone ist leuchtend ausgefärbt, im Schlund heller. Obwohl die Blüte eine dicke Kronenwand aufweist, ist sie empfindlich gegenüber praller Sonne und geringer Luftfeuchte. Daher einen entsprechend geschützten Standort auswählen.
Tipp: Eine sehr robuste und reich blühende Engelstrompete.

Blüten rosafarben:

'Rosa Fanfare'

Züchter: Monika Gottschalk, Lanzenhain
Blüte: Rosa mit dunklem Saum. Länge: 30–32 cm.
Besonderheiten: Die Pflanze wächst mittelstark, ihre Blüte ähnelt 'Pink Delight' (siehe Seite 43). Der Kelch ist aber erheblich kleiner und der Durchmesser der Blütenkrone misst nur 20 cm. Der Blütensaum neigt zum Eintrocknen, daher geschützten Standort auswählen. Guter Blütenansatz.

Die leuchtende orangegelbe Farbe von 'Luminosa' ist ein Blickfang für jedermann. Bei jedem Blühschub werden große Mengen Blüten gebildet. Sie verströmen einen angenehm süßen Duft.

An der Blütenform von 'Rosa Fanfare' ist nicht eindeutig der Hybridcharakter zu erkennen.

Die elegante Blüte von 'Silver Dawn' wird durch die langen Saumzipfel noch gesteigert.

Brugmansia × candida

Eine Naturhybride zwischen *B. aurea* und *B. versicolor,* oft robuster und blühwilliger als die Eltern. Nur aus dieser Kreuzung sind Pflanzen mit gefüllten Blüten bekannt. Die Blätter sind weich flaumig bis samtig oder filzig behaart, oberseits stumpf oder glänzend, die Ränder ganzrandig oder gezähnt. Die Blütenstellung ist fast hängend bis hängend. Typisch sind stark duftende, trompetenförmige Blüten mit langen bis sehr langen Saumzipfeln. Die Kronröhre wirkt aufgeblasen, die Verengung ist meist vom Kelch verdeckt. Häufigste Farben: Cremeweiß oder Gelb, seltener Rosa.

Blüten weiß:

'Silver Dawn'

Züchter: Klara Baum, Leonberg
Blüte: Weiß. Länge: 28–30 cm mit sehr langen Saumzipfeln.
Besonderheiten: Schwester zu 'Schlossgarten Leonberg' (siehe Seite 34). Die elegante Form der Blüte wird durch die langen Saumzipfel noch gesteigert.
Tipp: Sorte mit überaus schönen und haltbaren Blüten.

Blüten cremefarben:

'Kurpark Bad Salzschlirf'

Herkunft: Alfred Schmitt, Bad Salzschlirf
Blüte: Creme, in Aprikose abblühend. Länge: 29–31 cm.
Besonderheiten: Im Kronenaufbau ähnlich wie *Brugmansia versicolor*, mit dicht an dicht hängenden Blüten. Diese weisen eine breite Krone und dicke Blütenwand auf, dadurch lange haltbar. Vermehrung aus dem Blühbereich empfehlenswert.
Tipp: Eine der schönsten Hybriden in dieser Farbe. Robust und überreich blühend. Sollte in keiner Sammlung fehlen!

'Maya'

Herkunft: Frankreich
Blüte: Cremefarben, Apricot

angehaucht abblühend. Länge:
26–28 cm. Guter Blütenansatz.
Besonderheiten: Schmuckpflanze aufgrund der panaschierten Blätter. Starkwüchsig,
sollte nur aus dem Blühbereich
vemehrt werden.

Blüten gelb:

'Estella'

Züchter: Herta Blin,
Strasbourg/Frankreich
Blüte: Gelb aufblühend, in Orange umfärbend. Länge: 34–37 cm
mit sehr langen Saumzipfeln.
Besonderheiten: Eine für *B.* ×
candida seltene, auffallend
schöne Blütenform und -farbe.
Mittelstark wachsend mit reichem Blütenansatz.
Tipp: Diese schöne Hybride sollte in keiner Sammlung fehlen.

'Grand Marnier'

Herkunft: Frankreich
Blüte: Beim Aufblühen cremegelb, aprikosefarben abblühend.
Länge: 26–28 cm.
Besonderheiten: Alte und blühfreudige Sorte, die in keiner
Sammlung fehlen darf. Sollte
nur aus dem Blühbereich vermehrt werden. Stecklinge beginnen früh zu blühen.

Der große Schmuckwert von 'Maya' sind die panaschierten (gefleckten) Blätter.
Sie unterstreichen die zarte Blütenfarbe.

Die Blüten von 'Estella' mit ihrer auffallend schönen Form und der
intensiven Färbung besitzen einen großen Schmuckwert.

'Ocre'

Herkunft: Naturhybride
Blüte: Ockergelb. Länge: 27 bis 30 cm. Befriedigender Blütenansatz.
Besonderheiten: Diese langsam wachsende Hybride wurde erstmals bei kolumbianischen Indios entdeckt. Sie hat eine auffallend schöne Blütenform und -farbe (siehe Bild Seite 71), die breite Krone mit den Saumzipfeln wird zurückgerollt. Sehr wichtig: Den Rückschnitt schonend durchführen! Die Triebe der Blühregion sollten nur entspitzt werden. Auch nur aus diesem Bereich vermehren, um einen guten Blütenansatz zu erhalten. 'Ocre' ist Elternteil vieler schöner Hybriden!
Tipp: Aufgrund ihrer ausgefallenen Blütenform ist 'Ocre' sehr zu empfehlen.

'USA Orange'

Herkunft: Logees Greenhouses, USA
Blüte: Goldgelb. Länge: 26 bis 28 cm. Befriedigender Blütenansatz.
Besonderheiten: Diese ebenfalls langsam wachsende Hybride ist blütenlos nur an ihren leicht rundlicheren Blättern von 'Ocre' zu unterscheiden. Ihre Blüten ähneln denen der von 'Ocre', jedoch werden die Blütenkronen mit den langen Saumzipfeln nicht zurückgerollt. Elternteil von einigen schönen Hybriden. Gleiche Pflege wie bei 'Ocre'.

Blüten apricotfarben:

'Guadeloupe'

Herkunft: Guadeloupe
Blüte: Creme aufblühend, in leuchtendes Apricot umfärbend. Länge: 40–44 cm.

Eine breitere Blütenkrone mit langen Saumzipfeln zeichnet 'USA Orange' aus.

Die Blüten von 'Guadeloupe' mit ihrer kräftigen Ausfärbung sind in dieser Gruppe eher selten.

Besonderheiten: Große Blüten mit einer besonders schönen, ausgeprägten Farbe, die bei dieser Gruppe eher selten ist. Die elegante Form der Blüte wird durch die langen Saumzipfel noch betont. Mittelstark wachsend mit gutem Blütenansatz.
Tipp: Geschützter Standort empfehlenswert. Überwinterung bei 10–12 °C.

'Kupfer'

Herkunft: Klara Baum, Leonberg
Blüte: Creme aufblühend, in Apricot mit leichter Kupfertönung umfärbend. Länge: 30 bis 33 cm. Sehr lange Saumzipfel.
Besonderheiten: Die Ausprägung der Farbe ist abhängig von genügend Wärme bei gleichzeitig hoher Luftfeuchte. Schwächer wüchsig, daher Vermehrung aus dem Blühbereich.
Tipp: Bei geschütztem Standort guter Blütenansatz. Überwinterung nicht unter 12 °C.

Blüten rosafarben:

'Alicia'

Züchter: Monika Gottschalk, Lanzenhain
Blüte: Farbe beim Aufblühen Weiß, in Altrosa umfärbend. Kronröhre innen heller. Länge: 25–28 cm (siehe auch Bild Seite 84).
Besonderheiten: Die ersten Blüten erscheinen in Schüben und werden dann fortlaufend gebildet. Sie sind sehr haltbar und widerstandsfähig gegen Witterungseinflüsse.

Durch ihren reichen Blütenansatz mischen sich bei 'Alicia' die weiße Farbe frisch aufgegangener Blüten mit dem kräftigen Rosa der älteren.

Tipp: Eine robuste Alternative zu den empfindlicheren Wildformen 'Ecuador Pink' und 'Esmeraldas'.

'Ecuador Pink'

Herkunft: Logees Greenhouses, USA
Blüte: Weiß aufblühend, in dunkles Rosa umfärbend. Länge: 34–37 cm, lange Saumzipfel.

Die Wildform 'Ecuador Pink' hat sehr große Blüten mit einer schönen Farbe.

Besonderheiten: Blütensaum wird eingerollt. Wärme liebende Hybride mit sehr schöner Blütenfarbe. Bei geschütztem Standort guter Blütenansatz. Nicht unter 12 °C überwintern.

'Esmeraldas'

Herkunft: Naturhybride aus Ecuador
Blüte: Weiß aufblühend, in kräftiges Rosa umfärbend. Länge: 27–29 cm.
Besonderheiten: Wärme liebende Hybride, geschützter Standort erforderlich. Bei zu kühlem Stand Abwurf der Blätter und Eintrocknen der Triebe. Nicht unter 12 °C überwintern.
Tipp: Blüht in temperierten Wintergärten fast ganzjährig.

'Kleine Rosa'

Züchter: Herta Blin, Strasbourg/Frankreich
Blüte: Weiß aufblühend, in kräftiges Rosa umfärbend. Länge: 26–28 cm. Lange Saumzipfel.
Besonderheiten: Empfehlenswerte, reich blühende Hybride mit sehr schöner Blütenfarbe.
Tipp: Wie 'Alicia' eine robuste Alternative zu 'Esmeraldas' und 'Ecuador Pink'.

Gefüllt blühende Engelstrompeten

Nur aus Kreuzungen von *Brugmansia aurea* mit *B. versicolor* (= *B.* × *candida,* siehe auch Seite 25) sind bisher Pflanzen mit gefüllten Blüten bekannt. Um diese Eigenschaft und auch andere Farben als Weiß zu erhalten, hatte man bis vor kurzem nur die wärmeliebende *B. versicolor* eingekreuzt. Die daraus entstandenen Hybriden sind dementsprechend empfindlich und nur für ganzjährig temperierte Wintergärten geeignet. Besonders bei mehrfach gefüllten Blüten faulen die Füllungen bei großer Wärme und längerer Sonneneinstrahlung und sind bereits beim Öffnen der Blüte braun. Solche blühende Engelstrompeten sollten immer einen, vor praller Sonne und Wind, geschützten Standort erhalten.
In jüngster Zeit wurden versuchsweise unempfindliche Mehrfachhybriden eingekreuzt, um robustere Farbhybriden mit gefüllten Blüten zu erhalten. Bei vielen dieser neueren Hybriden kommen jedoch die Füllungen nicht immer ganz heraus, auch sind die Blüten kleiner. Sie büßen allerdings nichts von ihrer Schönheit ein und sind z. T. widerstandsfähiger gegen Witterungseinflüsse. Die Zuchtversuche stecken zwar noch in den Anfängen, doch die bisherigen Ergebnisse sind sehr vielversprechend.

Die wunderschönen Blüten von 'Charleston' harmonieren hier sehr gut mit der Unterpflanzung des Sommerkübels.

'Bad Salzschlirf' und die ihr sehr ähnliche 'Tutu' sind meist die einzigen, in Gartencentern mit Namen angebotenen Sorten.

Die Füllung wird bei 'Bianca' vollständig ausgebildet.

Blüten weiß:

'Bad Salzschlirf'

Herkunft: Alfred Schmitt, Bad Salzschlirf
Blüte: Weiß. Länge: 28–30 cm. Lange Saumzipfel. Guter Blütenansatz.
Besonderheiten: Alte Sorte mit einer sehr schönen Blüte. Auch im Standardsortiment der Gartencenter zu finden. Wärmeliebend, geschützter Standort empfehlenswert, Überwinterung nicht unter 12 °C. Sorte leidet unter Virusbefall.
Tipp: Blüht in temperierten Wintergärten bei 18 °C fast das ganze Jahr hin durch. Sehr

ähnlich ist auch die Sorte 'Tutu'.

'Bianca'

Züchter: Herta Blin, Strasbourg/Frankreich
Blüte: Weiß. Länge: 20–23 cm.
Besonderheiten: Eine Hybride der neuen Generation mit sehr schöner Blütenform.
Tipp: Robust und blühfreudig. Empfehlenswert.

'Charleston'

Züchter: Herta Blin, Strasbourg/Frankreich

Blüte: Cremeweiß getönt, gelblich abblühend. Länge: 30 bis 33 cm, doppelt bis dreifach gefüllt. Sehr lange Saumzipfel. Guter Blütenansatz (siehe auch Bild Seite 72).
Besonderheiten: Diese Hybride ist die wohl schönste der gefüllt blühenden Sorten. Sie benötigt in raueren Lagen einen geschützten Standort. Man vermehrt sie aus der Blühregion. Stecklinge sind sehr schwierig zu bewurzeln, die Ausfallrate ist hoch. Jungpflanzen müssen im ersten Jahr wärmer überwintert werden, ältere, bereits ausgereifte Pflanzen bei 10 °C. Diese Engelstrompete sollte in keiner Sammlung fehlen!

Tipp: Die großen Blüten kommen an einem Hochstämmchen besonders gut zur Geltung. 'Charleston' ist auf Grund ihres langsameren Wuchses auch für Wintergärten geeignet, wo sie bei Temperaturen um 18 °C fast den ganzen Winter lang blüht.

'Florabelle'

Züchter: Monika Gottschalk, Lanzenhain
Blüte: Weiß. Länge: 20–23 cm, lange Saumzipfel.
Besonderheiten: Robuste und kleinblütige Engelstrompete der neuen Generation. Sehr schöne Blütenform. Auch bei ungünstigen Klimaverhältnissen guter Blütenansatz.
Tipp: Empfehlenswert.

'Little Beauty'

Züchter: G. Koitzsch, Erzhausen
Blüte: Weiß. Länge: 23–26 cm.
Besonderheiten: Eine schöne virustolerante Neuzüchtung mit gesundem Laub. Die Blüten ähneln 'Bad Salzschlirf' (siehe Seite 30). In raueren Lagen ist ein geschützter Standort empfehlenswert. Überwinterung bei 12 °C.

Tipp: Empfehlenswerte Alternative zu den alten, virusempfindlichen gefüllten Sorten.

'Petticoat'

Züchter: Herta Blin, Strasbourg/Frankreich
Blüte: Weiß. Länge: 28–30 cm.
Besonderheiten: Sehr schöne Blütenform durch den bauschigen, breiten Blütensaum. Etwas empfindlich, besonders in ungünstigen Klimaverhältnissen. Geschützter Standort empfehlenswert, Überwinterung nicht unter 12 °C.

'Schwabenmädel'

Züchter: Klara Baum, Leonberg
Blüte: Weiß. Länge: 26–29 cm, lange Saumzipfel.
Besonderheiten: Ein robuste und reich blühende Kreuzung mit sehr schöner Blütenform und gesundem Laub.
Tipp: Alternative zu den virusempfindlichen, alten gefüllten Sorten.

'Starlet'

Züchter: G. Koitzsch, Erzhausen.
Blüte: Weiß. Länge: 18–23 cm.

'Petticoat' macht ihrem Namen alle Ehre. Auch dreifach gefüllte Blüten sind bei guter Ernährung möglich.

Die Blüte von 'Schwabenmädel' besticht durch breite Saumzipfel.

Die kleinblütige 'White Pearl' bildet ihre Füllung komplett aus.

'Velvet Lady'

Züchter: G. Koitzsch, Erzhausen
Blüte: Weiß. Länge: 27–30 cm.
Besonderheiten: Eine schöne Neuzüchtung mit gesundem Laub. Die Blüte ähnelt der von 'Bad Salzschlirf' und 'Tutu' (siehe Seite 30).
Tipp: Ebenfalls eine empfehlenswerte Alternative zu den genannten virusempfindlichen Sorten.

'White Melody'

Herkunft: Klara Baum, Leonberg
Blüte: Weiß. Länge: 26–29 cm.
Besonderheiten: Die Füllungen der einzelnen Blüten werden zwar komplett ausgebildet, bleiben aber manchmal stecken.
Tipp: Reich blühende Sorte. Empfehlenswert.

Besonderheiten: Eine schöne und reich blühende Hybride, die teils gefüllte und teils halb gefüllte Blüten hervorbringt.
Tipp: Interessante Kreuzung.

'Touch of Apricot'

Züchter: Klara Baum, Leonberg
Blüte: Weiß, Apricot angehaucht. Länge: 25–28 cm, sehr lange Saumzipfel.
Besonderheiten: Reich blühende Schwester zu 'Schlossgarten Leonberg' (siehe Seite 34). Bildet sowohl mehrfach gefüllte als auch nur einfache Blüten aus.
Tipp: Interessante Hybride. Etwas geschützter Standort empfehlenswert.

Die Blüten von 'Carmencita' sind widerstandsfähig und haltbar.

Die schwach wachsende 'Golden Lady' benötigt einige Jahre, bis sie eine solche Blütenfülle erreicht.

'White Pearl'

Züchter: Monika Gottschalk, Lanzenhain
Blüte: Weiß. Länge: 17–19 cm. Guter Blütenansatz.
Besonderheiten: Eine schwachwüchsige Hybride der neuen Generation mit sehr schönen, kleinen Blüten.

Blüten cremefarben:

'Anouschka'

Züchter: Monika Gottschalk, Lanzenhain
Blüte: Cremefarben. Länge: 23–26 cm mit langen Saumzipfeln.
Besonderheiten: Ebenfalls eine schwach wachsende Kreuzung der neuen Generation. Sie ist robust und reich blühend.

'Carmencita'

Züchter: Monika Gottschalk, Lanzenhain
Blüte: Cremefarben, in zartem Gelb abblühend. Saumzipfel dabei in Apricot umfärbend. Länge: 23–27 cm.
Besonderheiten: Diese Kreuzung der neuen Generation bringt z. T. dreifach gefüllte, sehr haltbare Blüten hervor.

Sehr guter Blütenansatz.
Tipp: Robuste Sorte mit ungewöhnlicher Blütenfüllung.

'Golden Lady'

Züchter: Emma Neu, Edenkoben
Blüte: Cremefarben, Gelb abblühend. Länge: 23–25 cm.
Besonderheiten: Empfindliche, schwachwüchsige Hybride. Bei geschütztem Standort guter Blütenansatz.

'Kleine Lady'

Züchter: Herta Blin, Strasbourg/Frankreich

Blüte: Cremefarben, Apricot abblühend. Länge: 23–26 cm. Guter Blütenansatz.
Besonderheiten: Sehr robuste Sorte mit schönen kleinen Blüten.

'Kleine Lady' schiebt die Füllung farbig heraus, während sich die äußere Krone erst beim Abblühen apricot färbt.

'Natascha'

Züchter: Monika Gottschalk, Lanzenhain
Blüte: Cremefarben, in Gelb abblühend. Länge: 24–28 cm mit sehr langen Saumzipfeln.
Besonderheiten: Eine mittelstark wachsende, robuste Hybride mit gutem Blütenansatz, ebenfalls aus der neuen Generation.

'Schlossgarten Leonberg'

Züchter: Klara Baum, Leonberg
Blüte: Cremefarben. Länge: 29–32 cm. Blütenansatz befriedigend.
Besonderheiten: Sollte nur aus dem Blühbereich vermehrt werden.
Tipp: Geschützter Standort bei ungünstigen Klimabedingungen unbedingt erforderlich.

'Troika'

Züchter: Monika Gottschalk, Lanzenhain
Blüte: Cremefarben aufblühend, in Gelb abblühend. Länge: 24–28 cm. Lange Saumzipfel.
Besonderheiten: Noch eine Engelstrompete der neuen Generation, die selbst bei ungüns-

'Schlossgarten Leonberg' bringt unterschiedliche Blütenformen hervor.

tigen Klimaverhältnissen reichlich Knospen ansetzt.

Tipp: Hybride mit sehr schöner Blütenform und -farbe.

Blüten gelb:

'Desirée'

Züchter: Herta Blin, Strasbourg/Frankreich
Blüte: Weiß aufblühend, in Goldgelb umfärbend. Länge: 30–33 cm. Befriedigender Blütenansatz.
Besonderheiten: Sehr wärmeliebende Hybride. Ganzjährige Pflege in temperierten Wintergärten erforderlich.

Die dreifache Füllung der Blüten von 'Troika' wird voll ausgebildet.

'Herrenhäuser Gärten'

Züchter: Herrenhäuser Gärten, Hannover
Blüte: Gelb, in Goldgelb umfärbend. Länge: 36–38 cm. Blütenansatz unbefriedigend.
Besonderheiten: Sehr empfindliche Sorte, darf nicht unter 15 °C stehen. Wintergartenpflanze.

'Herrenhäuser Gärten' eignet sich vor allem für den Wintergarten.

'Tiara'

Züchter: Herta Blin, Strasbourg/Frankreich
Blüte: Cremegelb, goldgelb getönt abblühend. Länge: 33–34 cm.
Besonderheiten: Wärmeliebend, aber starkwüchsig, sollte nur aus dem Blühbereich vermehrt werden. An geschütztem Standort guter Blütenansatz.

Generation mit gutem Blütenansatz. Die Blüten sind zwei- bis dreifach gefüllt und weisen eine sehr schöne Färbung auf.
Tipp: Robust und blühwillig.

'Tiara' war die erste Engelstrompete mit gefüllten Blüten in einer anderen Farbe als Weiß.

Blüten apricotfarben:

'Bolero'

Züchter: Monika Gottschalk, Lanzenhain
Blüte: Cremefarben, in Apricot umfärbend. Länge: 21–24 cm. Sehr guter Blütenansatz.
Besonderheiten: Eine schwachwachsende Hybride der neuen

Die zwei- bis dreifach gefüllten Blüten von 'Bolero' zeigen bereits im Frühsommer eine schöne Färbung.

'Carly'

Züchter: Herta Blin, Strasbourg/Frankreich
Blüte: Creme aufblühend, in Apricot umfärbend. Länge: 26–28 cm.
Besonderheiten: In sehr schöner Farbe blühende Hybride der neuen Generation. Die Blüten sind z. T. dreifach gefüllt und werden komplett ausgebildet. Guter Blütenansatz.

'Fandango' lässt sich auch von ungünstigen Klimaverhältnissen nicht beeindrucken.

'Fandango'

Züchter: Monika Gottschalk, Lanzenhain
Blüte: Weiß aufblühend, in Apricot umfärbend. Länge: 24 bis 28 cm mit langen Saumzipfeln.
Besonderheiten: Eine besonders widerstandsfähige, reich blühende neue Hybride mit zwei- bis dreifach gefüllten Blüten.

'Sommerkönigin'

Züchter: Monika Gottschalk, Lanzenhain
Blüte: Creme aufblühend, in Apricot umfärbend. Länge: 24 bis 28 cm mit langen Saumzipfeln.
Besonderheiten: Robuste, neuere Sorte mit meist zweifach gefüllten Blüten.

Brugmansia × insignis

Diese Hybride ist eine in der Natur vorkommende Wildform, die ohne das Zutun des Menschen entstand. Sie ist sehr wärmeliebend und kommt nur in klimatisch günstigen Regionen voll zu Blüte. Die Blätter sind schmal, lanzettlich mit glattem Rand, oberseits glänzend. Die Blütenstellung ist nickend, die Blütenform mehr trichter- als trompetenförmig. Nur wenige *B.* × *insignis*-Wildformen sind bei Liebhabern in Kultur, da sie über längere Zeit nicht unter 12 °C überwintert werden dürfen.

'Pink Favorite'

Züchter: Herrenhäuser Gärten, Hannover
Blüte: Rosa mit deutlich abgesetztem dunkelrosa Saumrand. Länge: 32–34 cm. Guter Blütenansatz.
Besonderheiten: Bei Blühschüben mit überwiegend sechszipfeligen Blüten werden Längen von bis zu 38 cm erreicht. Sehr schöne Blüte mit einem breiten, dunkelrosa gefärbten, bei günstigen Klimabedingungen sogar rotem Saumrand. Sehr frostempfindliche Sorte, in raueren Lagen ist ein geschützter Standort unbedingt anzuraten. Ältere Pflanzen können dennoch bei 5–10 °C überwintert werden.

Brugmansia sanguinea- und B. × flava-Hybriden

Engelstrompeten dieser Gruppe sind schwach wachsend, die Blätter und jungen Triebe samtig weich behaart, die Blattränder gewellt bis stumpf gezähnt. Die Blütenstellung ist fast hängend bis hängend, die Blütenform auffallend schmal und röhrenförmig. Nur *B. × flava,* eine Kreuzung zwischen *B. arborea* und *B. sanguinea,* duftet leicht. Viele *B. × flava*-Hybriden weisen oft einen sparrigen, überhängenden Wuchs auf. Ihre Triebe sind weich und müssen gestützt werden.

Leider öffnen sich bei vielen *B. × flava* und *B. sanguinea*-Hybriden die Kelche nicht von selbst. Werden sie nicht zum richtigen Zeitpunkt von Hand geöffnet, verkrüppeln die Blüten. Im Sommer werden außerdem die dann noch sehr kleinen Knospen häufig abgeworfen.

Die Blütenfarbe in dieser Gruppe ist meist Gelb mit rotem Saum, der bei *B. × flava* auch lilarosa oder orangerot gefärbt sein kann. Es gibt aber auch Formen mit rein roten oder gelben Blüten.

In warmen Sommern entfaltet 'Pink Favorite' ihre volle Blütenpracht.

Bis Ende Juni und wieder ab September oder in sehr kühlen Sommern kann man 'Lilac' mit ihrer schönen und seltenen Blütenfarbe blühen sehen.

'Lilac'

Züchter: Herrenhäuser Gärten, Hannover
Blüte: Zweifarbig, Kronröhre Gelb mit lila-rosa Saumrand. Länge: 20–24 cm. Blütenansatz befriedigend.
Besonderheiten: Sie ist eine langsam wachsende Hybride mit sparrigem Wuchs, die einen kühlen, von der Sonne abgewandten Standort benötigt. Vor allem im Sommer für höhere Luftfeuchtigkeit sorgen. Diese Maßnahme erhöht gleichzeitig die Virustoleranz. Der Kelch muss per Hand geöffnet werden, um eine Verkrüppelung der Blüte zu vermeiden. Leicht duftend.
Tipp: Aufgrund ihrer sehr schönen und seltenen Farbe empfehlenswert.

'Mobisu'

Züchter: Frau Mosimann, Schweiz
Blüte: Gelb mit rosa Saumrand. Länge: 21–23 cm. Blütenansatz gut.

Die schöne Blütenfarbe und Form machen 'Mobisu' zu einer interessanten Pflanze.

Besonderheiten: Eine der wenigen, virustoleranten *B. sanguinea*-Hybriden, die auch bei uns im Sommer befriedigend wächst und blüht. Dafür benötigt sie die gleichen Standortbedingungen wie 'Lilac'. Der Kelch muss nicht geöffnet werden, die Blütenentwicklung ist normal. Leicht duftend.

Tipp: Wegen ihrer schönen Färbung empfehlenswert.

Brugmansia suaveolens und ähnliche Mehrfachhybriden

Diese Engelstrompeten wachsen mittelstark. Ihre Blätter sind oval bis lanzettlich, ganzrandig, manchmal auch leicht gezähnt. Sie sind glatt bis raufilzig, die Oberseite matt glänzend bis stumpf. Der Neuaustrieb ist manchmal leicht behaart. Die Blütenstellung ist immer nickend, die Blüten selbst sind trichterförmig. Der Kelch ist relativ kurz, die Kronröhrenverengung deutlich sichtbar. Die Staubgefäße bilden eine eng

Die Blüten von 'Klerx variegata' sind nur unvollständig ausgebildet, es fehlt der Blütensaum.

Die großen weißen Blüten von 'Sommertraum' bilden einen schönen Kontrast zu dem dunkelgrünen Laub.

zusammenstehende Einheit, die sich erst beim Abblühen auflöst. Häufigste Farben: Weiß und Rosa, seltener Gelb.

Blüten weiß:

'Klerx variegata'

Herkunft: J. Klerx, Niederlande
Blüte: Weiß. Länge: 18–23 cm.
Besonderheiten: Blütenkrone nur unvollständig ausgebildet. Panaschierte (gefleckte) Blätter. Sammlerpflanze.

'Sommertraum'

Züchter: Monika Gottschalk, Lanzenhain
Blüte: Weiß. Länge: 30–32 cm. Sehr guter Blütenansatz.
Besonderheiten: Diese schöne Hybride ist eine Kreuzung zwischen 'Charles Grimaldi' (siehe Seite 51) und 'Rosa Traum' (siehe Seite 44). Die weißen, stark duftenden Blüten sind aufgrund der dicken Kronenwand sehr lange haltbar und bilden einen auffallenden Kontrast zu dem dunkelgrünen Laub. Die Sorte zeigt wenig Neigung zum Blattabwurf.
Tipp: Empfehlenswerte Alternative zu den alten, mit Mängeln behafteten Sorten.

In den sehr großen Blüten von 'Adora' finden sich alle Merkmale der drei Wildformen – *Brugmansia aurea, B. suaveolens* und *B. versicolor* – wieder.

'Weinstraße'

Züchter: Emma Neu, Edenkoben
Blüte: Weiß. Länge: 26–28 cm. Sehr guter Blütenansatz.
Besonderheiten: Die Blüten dieser Engelstrompete haben eine sehr schöne Form. Der Saumrand ist deutlich gewellt, die kurzen Zipfel nach oben gebogen. Der Wuchs ist mittelstark, das Laub heller als das von 'Sommertraum', und die Blüten kleiner. Sie sind ebenfalls sehr haltbar.
Tipp: Eine empfehlenswerte, robuste Sorte mit ausgefallener Blütenform.

Blüten gelb:

'Goldtraum'

Herkunft: Unbekannt
Blüte: Gelb mit goldgelbem Saumrand. Länge: 25–28 cm. Sehr guter Blütenansatz.
Besonderheiten: Eine alte und sehr reich blühende Sorte mit schwachem Wuchs. Da der Blütensaum zum Eintrocknen neigt, einen windgeschützen und mittags halbschattigen Standort aussuchen.
Tipp: Diese Sorte kann vom Stängelbrand befallen werden, daher nur bei qualifizierten Anbietern kaufen (siehe Seite 92).

Blüten rosafarben:

'Adora'

Züchter: Herta Blin, Strasbourg/Frankreich
Blüte: Rosa mit dunklem Rand. Länge: 36–38 cm. Saum gewellt.
Besonderheiten: Für diese Gruppe ungewöhnlich große Blüten in schöner Farbe, der Saumrand ist gewellt. Durch die stabile Kronenwand sind die Blüten sehr haltbar. Die Stecklingsbewurzelung ist etwas schwierig.
Tipp: Eine empfehlenswerte, robuste Neuzüchtung.

'Dornröschen'

Züchter: Herta Blin,
Strasbourg/Frankreich
Blüte: Rosa mit dunkelrosa
Saumrand. Länge: 30–32 cm.
Guter Blütenansatz.

Besonderheiten: Robuste Hybride mit schlanken, trichterförmigen Blüten in sehr schöner
Färbung.

'Dornröschen' mit ihren großen, betont
trichterförmigen Blüten. Der Kelch ist
auffallend kurz.

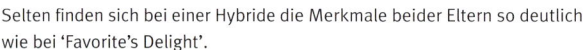

Selten finden sich bei einer Hybride die Merkmale beider Eltern so deutlich
wie bei 'Favorite's Delight'.

'Favorite's Delight'

Züchter: Monika Gottschalk,
Lanzenhain
Blüte: Rosa. Länge: 30–34 cm.
Besonderheiten: Eine robuste
Hybride mit dunkelgrünem
Laub, mit wenig Neigung zum
Blattabwurf. Die Beteiligung von
B. versicolor ist an den dünne-
ren Trieben deutlich erkennbar.
Die Blüten sind groß, mit stabi-
ler Kronenwand und sehr halt-
bar.
Tipp: Sehr guter Blütenansatz.
Empfehlenswert.

'Flamenco'

Herkunft: Herta Blin, Strasbourg/Frankreich
Blüte: Rosa mit rosarotem Saum. Länge: 27–29 cm.
Besonderheiten: Die Blüten mit der stabilen Kronenwand sind intensiv gefärbt und lange haltbar. Mittelstarker Wuchs bei reichem Blütenansatz. Diese Sorte ist ein Elternteil von einigen sehr schönen Hybriden.

Den im Hochsommer kräftig ausgefärbten Blüten verdankt 'Flamenco' ihren Namen.

'Pink Delight'

Züchter: Monika Gottschalk, Lanzenhain
Blüte: Rosa mit dunklem Rand. Länge: 32–34 cm, Durchmesser 26–28 cm. Sehr guter Blütenansatz.
Besonderheiten: Einen Kontrast zu der sehr großen Blüte bildet der kurze, aufgeblasen wirkende Kelch. Die Blüten öffnen sich ab der Dämmerung sehr weit, der Kronendurchmesser beträgt dabei nicht selten 26–28 cm. Die Blüte ist durch die stabile Kronenwand sehr haltbar, benötigt aber wegen ihrer Größe einen windgeschützten und halbschattigen Standort. Stecklinge sind etwas schwierig zu bewurzeln. Kompakter Wuchs.

Bei Kübelexemplaren neigt der Stängel bei unregelmäßigen Wassergaben zur Rissbildung. Diese mit einem guten Wundverschlussmittel behandeln.
Tipp: Empfehlenswerte, großblütige Sorte.

Kompakter Wuchs und sehr große, haltbare Blüten zeichnen 'Pink Delight' aus.

Auch an der Blütenform von 'Raffaela' und den längeren Saumzipfeln lassen sich Merkmale aller Wildformen erkennen.

Blüte: Kräftiges Rosa. Länge: 30–33 cm.
Besonderheiten: Bei geschlossener Blütenstellung 'Rosa Fanfare' sehr ähnlich (siehe Seite 24), stammt jedoch aus einer anderen Kreuzung. Der Wuchs ist mittelstark, der Blütenansatz sehr gut und die Blüte selbst von langer Haltbarkeit.

'Rose Beauty'

Züchter: G. Koitzsch, Erzhausen
Blüte: Tiefrosa mit einem auffallend dunkleren Saumrand. Länge: 30–34 cm.
Besonderheiten: Die langzipfeligen Blüten mit ihrer ungewöhnlich dicken Kronenwand sind sehr haltbar und weisen einen auffallend rötlich-braunen Saumrand auf. Sie öffnen sich abends weit und haben einen Durchmesser von bis zu 24 cm.
Tipp: Eine herausragende, sehr zu empfehlende Hybride.

'Raffaela'

Züchter: Herta Blin, Strasbourg/Frankreich
Blüte: Leuchtendes Rosa. Länge: 30–33 cm.
Besonderheiten: Diese mittelstark wachsende Engelstrompete ist robust, blühfreudig und bringt sehr schöne Blüten mit auffallend langen Saumzipfeln hervor.

'Rhena'

Züchter: Herta Blin, Strasbourg/Frankreich

'Rosa Traum'

Herkunft: Unbekannt
Blüte: Schönes Rosa, im Sommer Orange-Rosa getönt. Länge: 31–33 cm. Sehr guter Blütenansatz.

'Rose Beauty' mit ihren großen Blüten und dem auffallend rötlich-braunen Saumrand ist eine der schönsten Hybriden dieser Gruppe.

Blüte: Rosa. Länge: 27–29 cm. Sehr guter Blütenansatz.
Besonderheiten: Alte Sorte. Die Blüte ähnelt zwar 'Rosa Traum', zeigt aber deutlich einen *B. aurea*-Anteil. Die Pflanze ist im Wuchs nicht so sparrig wie die genannte, benötigt aber ebenfalls einen windgeschützten und mittags halbschattigen Standort, damit der Blütensaum nicht eintrocknet.
Tipp: Reichblütig. Sehr empfehlenswert (siehe auch Seite 82).

Brugmansia versicolor und ähnliche Mehrfachhybriden

Die Blätter sind bei dieser Gruppe lanzettlich bis länglich und glattrandig, oberseits glatt und leicht glänzend oder schwach behaart. Bei der reinen Art ist die Blütenstellung immer hängend. Die Blüten der Hybriden sind sehr groß, trompetenförmig, der Kelch ist im Verhältnis zur Blütengröße sehr kurz. Die Blütenlänge beträgt bis zu 50 cm! Beim Aufblühen sind alle Sorten weiß, sie wechseln jedoch nach ein bis zwei Tagen in die eigentliche Farbe über. Sehr wärmeliebend, nicht unter 15 °C überwintern. Häufigste Farben: Weiß oder Apricot, seltener Rosa.

Besonderheiten: Eine robuste, alte Sorte mit etwas sparrigem Wuchs, die aufgrund ihrer großen, sehr schön gefärbten Blüten immer noch gefragt ist. Benötigt einen windgeschützten und halbschattigen Standort, da der Saumrand der Blüten zum Eintrocknen neigt. Nur aus dem Blühbereich vermehren.
Tipp: Unkomplizierte und reich blühende Engelstrompete.

'USA Rosa'

Herkunft: Logees Greenhouses, USA

Blüten weiß:

'Apricot Flare'

Züchter: G. Koitzsch, Erzhausen
Blüte: Weiß, apricot angehaucht abblühend. Länge: 36–40 cm.
Besonderheiten: Große Blüte mit längeren Saumzipfeln und einer schönen Form, die durch die leichte Farbtönung noch betont wird. Haltbare Blüten.
Tipp: Robuste Alternative zu den wärmeliebenderen *B. versicolor*-Sorten.

'Lichtkönigin'

Züchter: G. Koitzsch, Erzhausen
Blüte: Weiß. Länge: 36–40 cm.
Besonderheiten: Große, schlanke Blüten mit langen Saumzipfeln. Die Farbe gewinnt in der Dämmerung durch ihre inten-

Die großen, langzipfeligen Blüten von 'Lichtkönigin' sind in der Dämmerung weithin sichtbar

Die langen, weißen Blüten von 'Apricot Flare' erhalten beim Abblühen einen leichten Hauch von Apricot.

sive Leuchtkraft. Gut haltbare Blüten.
Tipp: Empfehlenswerte, robuste Alternative zu den empfindlicheren *B. versicolor*-Sorten.

'Pride of Hannover'

Züchter: Herrenhäuser Gärten, Hannover
Blüte: Weiß. Länge: 46–48 cm. Schöne Blütenform.
Besonderheiten: Große Blüten mit breiten Blütenkronen, daher windgeschützten Standort wählen. Nicht unter 15 °C überwintern.

Blüten gelb:

'Goldrausch'

Züchter: Monika Gottschalk, Lanzenhain
Blüte: Beim Aufblühen von Gelb in Goldgelb umfärbend. Länge: 30–38 cm. Sehr guter Blütenansatz (siehe auch Bild Seite 14).
Besonderheiten: Eine sehr robuste Mehrfachhybride mit fast hängenden, *B. versicolor*-ähnlichen Blüten und mit einer für diese Gruppe seltenen, goldgelben Farbe. Sie wächst mittelstark und weist einen sehr guten Blütenan-

Unter den *Brugmansia versicolor*-Hybriden dominieren weiße und apricotfarben getönte Blüten. Da ist 'Goldrausch' mit seinen großen, goldgelben Blüten fast eine Rarität!

satz auf. Trotz der stabilen Kronenwand der Blüten einen windgeschützten und mittags nicht besonnten Standort wählen.

Tipp: Schöne Alternative zu den wärmeliebenderen *B. versicolor*-Sorten.

Blüten apricotfarben:

'Apricot Queen'

Züchter: Herrenhäuser Gärten, Hannover

Blüte: Weiß, in Apricot umfärbend. Länge: 46–48 cm.
Besonderheiten: Wärmeliebende Hybride. Bei geschütztem Standort guter Blütenansatz. Nicht unter 15 °C überwintern. Sehr ähnlich: 'Goldposaune', 'Kaskade' und 'Melone'.

'Goldposaune'

Herkunft: Unbekannt.
Blüte: Creme aufblühend, in leuchtendes Apricot umfär-

bend, Schlund heller. Länge: 41–46 cm.
Besonderheiten: Durch die schmalere Blütenkrone und die kürzeren Saumzipfel unterscheidet sich diese Sorte von 'Kaskade' (siehe Seite 48). Allerdings ist die Farbe von 'Goldposaune' ausgeprägter. Wärmeliebend, nicht unter 15 °C überwintern. Bei geschütztem Standort guter Blütenansatz.
Tipp: Schöne Engelstrompete für den Wintergarten.

Dicht an dicht hängen die sehr großen, apricotfarbenen Blüten von 'Kaskade'. Sie ist hier stellvertretend abgebildet für die anderen, sich stark ähnelnden *B. versicolor*-Formen.

'Kaskade'

Herkunft: Wildform
Blüte: Weiß aufblühend, in Apricot umfärbend. Länge: 46 bis 48 cm.
Besonderheiten: Wärmeliebende Sorte, bei geschütztem Standort reicher Blütenansatz. Die Blütenkrone ist breiter, die Saumzipfel länger als bei 'Goldposaune'. Überwinterung nicht unter 15 °C. Bis auf die beschriebenen Abweichungen ist 'Kaskade' den anderen *B. versicolor*-Formen sehr ähnlich.
Tipp: Aufgrund der breiteren Blüten und der Blütenfülle ist diese *B. versicolor*-Sorte bestens für Wintergärten geeignet.

'Melone'

Herkunft: Klaus Pfitzer, Fellbach
Blüte: Creme aufblühend, in Apricot umfärbend. Länge: 43–46 cm.
Besonderheiten: Ähnelt 'Apricot Queen' und 'Kaskade'. Bei geschütztem Standort guter Blütenansatz.

Blüten rosafarben:

'Glockenfontäne'

Herkunft: Naturhybride aus Kolumbien
Blüte: Hellrosa gefärbt. Länge: 40–46 cm. Blütenansatz gut.
Besonderheiten: Die Blätter sind länglich bis lanzettlich, die sehr großen Blüten eine Mischform zwischen Trompeten- und Trichterform. Die langsam wachsende Hybride benötigt in raueren Gebieten einen geschützten Standort. Auch ist ein schonender Rückschnitt notwendig sowie eine Vermehrung aus der Blühregion zu empfehlen. Die Überwinterung muss zwischen 12–15 °C erfolgen.

'Nova'

Züchter: Emma Neu, Edenkoben
Blüte: Hellrosa gefärbt. Länge: 31–34 cm. Guter Blütenansatz.
Besonderheiten: Blätter und Blüten sind in Form und Farbe denen der 'Glockenfontäne' sehr ähnlich, die Blüten allerdings erheblich kleiner. Die Sorte ist etwas robuster. Pflege wie bei 'Glockenfontäne'. Ältere, ausgereifte Pflanzen können bei 8–10 °C überwintert werden; dann allerdings früh antreiben.

Die sehr großen Blüten von 'Glockenfontäne' haben eine sehr ansprechende Blütenform.

Weitere *Brugmansia*-Hybriden

In dieser Gruppe werden Engelstrompeten zusammengefasst,
in deren Blütenform sich alle
Merkmale der an ihrer Entste-
hung beteiligten Wildformen
wiederfinden. Sie können keiner
anderen Gruppe eindeutig zu-
geordnet werden. Auffällig ist
jedoch bei einigen Hybriden dieser Gruppe ihre Anfälligkeit für
Stängelbrand (siehe Seite 87).

Blüten weiß:

'Enorm'

Züchter: Guido von Heerck,
Belgien
Blüte: Weiß. Länge: 35–40 cm.
Sehr guter Blütenansatz.
Besonderheiten: 30 cm lange,
aufgeblasen wirkende Kelche.
Die große Blüte ist aufgrund der
dünnen Kronenwand wenig haltbar, auch trocknet der Saumrand sehr schnell ein. Ein wind-
und sonnengeschützter Standort ist unbedingt erforderlich.
Trotz den angeführten Einschrän-
kungen eine sehr robuste Pflanze mit reichem Blütenansatz.

Die Blüten von 'Marie Gerrits' sind
mit längeren, weichflaumigen Borsten
besetzt.

Tipp: Für Liebhaber mit entsprechenden Stellmöglichkeit durchaus empfehlenswert.

'Marie Gerrits'

Züchter: Monika Gottschalk, Lanzenhain
Blüte: Weiß. Länge: 31–34 cm. Mit längeren, weich flaumigen Haaren besetzt.
Besonderheiten: Die weißen Blüten sind aufgrund ihrer stabilen Kronenwand lange haltbar und verbreiten einen besonders wohlriechenden Duft. Der Blütenansatz ist sehr reich, bereits sehr kleine Stecklinge aus der Blühregion setzen Knospen an.
Tipp: Ein wunderschöner Dauerblüher. Auch für Anfänger sehr empfehlenswert.

Blüten gelb:

'Bergische Sonne'

Züchter: Dorothea Langenberg, Remscheid
Blüte: Gelb aufblühend, in Goldgelb umfärbend. Länge: 27 bis 30 cm
Besonderheiten: Eine Neuzüchtung, die 'Charming' (siehe Seite 23) ähnelt, aber schwächer im Wuchs ist. Hybride mit sehr gutem Blütenansatz.

Bei allen orangegelben Engelstrompeten ist nur die Innenwand der Blütenkrone stärker ausgefärbt, so wie hier bei 'Charles Grimaldi'.

'Charles Grimaldi'

Herkunft: Logees Greenhouses, USA
Blüte: Von Gelb in Orange umfärbend, Kronröhre innen heller. Länge: 33–36 cm. Sehr guter Blütenansatz.
Besonderheiten: Eine alte Sorte mit großen Blüten, die fortlaufend und in großen Mengen gebildet werden. Sie ist eine der schönsten Engelstrompeten in dieser Farbe. Ihr sehr ähnlich sind 'San Francisco' und 'Jütner Orange'. Gegenüber Witterungseinflüssen sind diese drei Sorten unempfindlich, doch leider ist ihre Anfälligkeit für den Stängelbrand sehr hoch.

Tipp: Nur bei qualifizierten Anbietern kaufen (siehe Seite 92).

'Dottie'

Züchter: Dorothea Langenberg, Remscheid
Blüte: Gelb aufblühend, in leuchtendes Goldgelb umfärbend. Länge: 24–27 cm.
Besonderheiten: Die Blütenform ähnelt 'Taunusgold', jedoch mit breiterer Blütenkrone und größerem Kelch. Sie ist eine Schwestersorte zu 'Sarah' (siehe unten). Im Blühbereich stark wachsend bei guter Verzweigung. Verzögerter Knospenansatz.
Eine für Stängelbrand wenig anfällige Sorte.

'Goldsternchen'

Züchter: Herta Blin, Strasbourg/Frankreich
Blüte: Gelb aufblühend, in Goldgelb umfärbend. Länge: 22–26 cm.
Besonderheiten: Diese schwach bis mittelstark wachsende, reich blühende Engelstrompete hat kleine bis mittelgroße Blüten von goldgelber Farbe. Sie werden reichlich ge-

'Taunusgold' mit ihrer schmalen, röhrenförmigen Blüte und dem engen Kelch ist eine Schwester zur großblütigen, rosafarbenen 'Pink Delight' (siehe Seite 43).

bildet und erscheinen fortlaufend bis in den Herbst hinein. Gut geeignet auch für kleine Stellflächen. Nicht anfällig für Stängelbrand.

'Sarah'

Züchter: Dorothea Langenberg, Remscheid
Blüte: Gelb aufblühend, in ein leuchtendes Goldgelb umfärbend. Länge: 28–33 cm.

Eine noch junge Züchtung ist 'Sarah', die hier die leuchtenden Farben ihres ersten üppigen Blütenflors vorstellt.

Besonderheiten: Robuste und reichblütige Neuzüchtung mit einer sehr schönen Blütenform und Ausfärbung. Im Blühbereich schwächer wachsend als 'Dottie', aber mit dichterem Knospenansatz.

Tipp: 'Sarah' ist nicht anfällig für Stängelbrand und daher eine empfehlenswerte Alternative zu den auf Seite 51 genannten empfindlicheren Sorten.

'Taunusgold'

Züchter: Monika Gottschalk, Lanzenhain

Blüte: Goldgelb. Länge: 24 bis 27 cm.

Besonderheiten: Röhrenförmige Blüten mit schmalem Saumrand, die Zipfel dabei leicht verdreht. Blütenansatz befriedigend. Die Vermehrung ab dem Frühjahr vornehmen und nur mit Stecklingen aus der Blühregion. Wird von allen Schädlingen gemieden. Für Stängelbrand anfällig, geht aber im Gegensatz zu den anderen Sorten nicht ein, da über gesunde Triebe weitervermehrt werden kann.

Tipp: Ausgefallene Blütenform, schwerer Duft. Liebhaberpflanze.

Engelstrompeten richtig pflegen

Nur wer die Eigenarten der Engelstrompeten im Wuchs- und Blühverhalten kennt und mit den entsprechenden Pflegemaßnahmen
reagiert, kann Jahr für Jahr mit einer großen Blütenfülle rechnen.

Aufgrund ihrer tropischen Herkunft stellen die Engelstrompeten bestimmte Ansprüche an
Standort und Klima. Mäßig
warme Tagestemperaturen um
23 °C bei gleichzeitig hoher
Luftfeuchte sagen ihnen am
besten zu. Sinken in der Nacht
die Temperaturen nicht unter
10 °C, setzt ein flottes Wachstum ein. Diese Wärmegrade
werden in den Sommermonaten
bei uns nicht nur erreicht, sondern sogar noch überschritten.
Die zum besseren Gedeihen und
vollen Ausfärben der Blüten
benötigte Luftfeuchte von
mindestens 70 % jedoch nur
selten.

ßen Mittagssonne ausgesetzt
ist. Die große Blattmasse
verdunstet mehr Wasser, als
die Wurzeln nach oben trans-
portieren können. Blätter und
Blüten werden schlaff, trotz ausreichend feuchtem Wurzelballen. Das Wachstum stockt. Am

meisten leiden die Blüten, die
Saumränder trocknen ein und
werden braun. Selbst Blüten mit
sehr dicken Kronenwänden fallen zusammen und verkleben,
sodass sie sich am Abend nicht
mehr vollständig öffnen können.

Engelstrompeten auf Balkon und Terrasse

Balkone und Terrassen sind
meist nach Süden ausgerichtet.

Der richtige Standort

Der beste Standort ist ein wind-
geschützter Platz, der auch
sonnig sein darf, so lange die
Engelstrompete nicht der hei-

Balkon und Terrasse sind nur bedingt als Stellplatz für Engelstrompeten geeignet.

◀ Große, in voller Blüte stehende
Engelstrompeten machen einen
imposanten Eindruck. Sie ziehen
jeden Betrachter in ihren Bann.

Auch nach einem Sturm mit Orkanböen bleibt bei gut abgestützten Bäumchen der Schaden gering.

Frei ausgepflanzt, wachsen Engelstrompeten im Garten zu üppig blühenden Exemplaren heran.

Sie eignen sich daher nur bedingt als Stellplatz für Engelstrompeten. Falls möglich, sollten die Pflanzen im Sommer zur Mittagszeit halbschattig stehen, um die Verdunstung herabzusetzen.

Engelstrompeten, vor allem große Pflanzen, müssen unbedingt windgeschützt aufgestellt werden, da sie unter erhöhter Windbruchgefahr leiden.

Engelstrompeten im Garten

Ein wichtiger Aspekt bei der Standortauswahl im Garten ist das Kleinklima. Das bedeutet nichts anderes, als dass im Garten an verschiedenen Stellen unterschiedliche Temperaturen vorherrschen können. Diese spielen besonders in Gegenden, die spät- und/oder frühfrostgefährdet sind, eine große Rolle. In offenen Gärten mit wenig Be-

pflanzung können kühle oder kalte Luftmassen ungehindert einfallen. Zudem ist die Luft durch die ständige Bewegung trockener.

Mit Hecken und Büschen umzäunte Gärten bieten mehr Schutz. Die Wärme wird gestaut und die Luftfeuchte durch die Wasserverdunstung der Sträucher gleichzeitig erhöht. Etwas höhere Hecken und Sträucher mindern die Windstärke bei Sturm.

Halbschatten von Bäumen schützen vor heißer Mittagssonne. Bei optimalen Standortbedingungen können Engelstrompeten im Garten zu mächtigen Exemplaren heranwachsen, ob nun ausgepflanzt oder in einem geräumigen, dekorativen Holzkübel.

Geeignete Pflanzgefäße

Das Pflanzgefäß für die Engelstrompete sollte weniger dekorativen Zwecken, sondern eher den Ansprüchen der Pflanzen gerecht werden. Am besten eignen sich große Kübel aus Kunststoff oder Holz mit einer großen Stellfläche zur Erhöhung der Standfestigkeit. Engelstrompeten benötigen, um sich voll entfalten zu können, einen großen Kübel und jedes Jahr neue Erde. Nun kann man ihnen nicht jedes Jahr ein immer größeres Pflanzgefäß geben, weil man damit schnell an die Grenze des Machbaren stoßen würde. So praktiziere ich seit vielen Jahren ein erfolgreiches System: Die **Doppelpflanzung mit Hilfe von Sommerkübel und Ganzjahresgefäß.** Dabei wird die Engelstrompete ganzjährig immer im gleichen, kleineren

Pflanzgefäße. In der Mitte ein bewährtes Doppelpflanzgefäß: das Ganzjahresgefäß im dekorativen, sechseckigen Sommerkübel.

Kübel gehalten, dem Ganzjahresgefäß, das den Sommer über in den größeren Sommerkübel gestellt oder ausgepflanzt wird. Diese Methode erleichtert nicht nur das Aus- und Einräumen, sondern ermöglicht den Engelstrompeten eine optimale Entwicklung während der Sommermonate.

Ich verwende dafür die in Baumärkten erhältlichen 10- und 20-l-Mörteleimer als Ganzjahresgefäß und 90-l-Mörtelkübel oder Holzkübel als Sommergefäß.

Das Ganzjahresgefäß

Pflanzen, für die der 10-l-Topf zu klein geworden ist, werden im

Frühjahr in einen 20-l-Kübel letztmalig umgepflanzt. Dies ist dann die Endgröße des Pflanzgefäßes – größere Kübel mit Erde und Pflanze können nicht mehr problemlos gehandhabt werden!

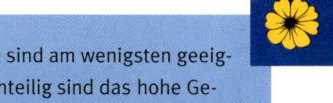

Tontöpfe sind am wenigsten geeignet. Nachteilig sind das hohe Gewicht beim Ein- und Ausräumen, die Bruchgefahr, wenn eine kopflastig gewordene Pflanze von einer Windböe erfasst und mitsamt Gefäß umgeworfen wird, die große Wasserverdunstung über die poröse Tonwand, die einen Mehraufwand an Gießarbeit erfordert.

Ungehindert können die Wurzeln aus den großen Seitenöffnungen des Ganzjahreskübels herauswachsen.

Vor dem Einsetzen der Pflanze muss das Pflanzgefäß etwas vorbereitet werden.

- Man bohrt in den Boden des neuen Pflanzgefäßes 10 Abzugslöcher von etwa 2–3 cm Durchmesser.
- Seitlich erhält der Kübel ebenfalls Abzugslöcher, und zwar zwei Reihen mit versetzter Bohrung. Der Durchmesser dieser Löcher sollte etwa 5 cm

betragen, ihr Abstand zueinander etwa 15 cm.

Nach dem Einsetzen der Pflanze in das vorbereitete Ganzjahresgefäß wird dieses in den bereitstehenden, großen Sommerkübel eingesetzt. Es soll nur noch der Gefäßrand zu sehen sein. Man kann aber auch die Pflanze mit dem Ganzjahresgefäß direkt in den Gartenboden setzen.

Die Wurzeln der Engelstrompeten wachsen sehr schnell aus den Seitenlöchern des Ganzjahreskübels in das frische Substrat hinein. In dieser Zeit wird nur über das kleinere Pflanzgefäß gegossen und gedüngt, bis genügend Wurzeln im großen Sommerkübel oder im Gartenboden vorhanden sind. Im August hat die Pflanze viele Wurzeln ausgebildet, wächst sehr gut und blüht reich.

Im Herbst werden die Wurzeln am äußeren Rand des Ganzjahreskübels abgestochen und die Engelstrompete samt Gefäß aus dem Gartenbeet bzw. dem Sommerkübel ausgegraben und ins Winterquartier gebracht. So bleibt Jahr für Jahr ohne große Eingriffe und Verletzungen ein kompakter und gesunder Wurzelballen erhalten, und man hat keine Arbeit mit dem Bewegen schwerer Kübel.

Mörtelkübel müssen bei großen Pflanzen im Boden verankert werden.

Der Sommerkübel

Als Sommerkübel eignen sich entweder 90-l-Mörtelkübel oder (teurere) Kübel aus kesseldruckimprägniertem Holz.

Mörtelkübel bekommen große Abzugslöcher in den Boden gebohrt, damit überschüssiges Gieß- oder Regenwasser gut ablaufen kann. Der Kübel selbst muss auf Holzleisten o. ä. gestellt werden, um die erforderliche »Luft« zwischen Kübel und Stellfläche zu schaffen. Mörtelkübel haben jedoch zwei Nachteile:

- Bepflanzt mit großen Engelstrompeten haben sie eine geringere Standfestigkeit bei Sturm oder heftigen Böen. Eine Beschwerung mit einer Kiesel- oder Tonscherbenschicht müsste schon recht dick sein, um das erforderliche Gewicht zu erreichen –

dadurch verringert sich jedoch die Substratmenge erheblich. Am besten, man verankert die Kübel im Boden .

- Durch die schwarze Farbe des Kunststoffgefäßes wird das Pflanzsubstrat bei einstrahlender Sonne stark erwärmt – es können Temperaturen bis zu 70 °C entstehen, die die Wurzeln zerstören. Der Kunststoffkübel sollte also auf jeden Fall eine schützende Ummantelung bekommen.

Holzkübel müssen vor dem Einsetzen der Pflanze ebenfalls vorbereitet werden:

- Seitenwände mit Teichfolie auslegen und Boden mit einer dünnen Tonscherbenschicht abdecken, um eine eventuelle Auswaschung des Imprägniermittels in das Pflanzsubstrat zu verhindern.
- Die Bodenhölzer sollten einen Abstand von 2 cm haben. Wenn nicht, müssen genügend Abzugsmöglichkeiten für

Beim Auffüllen des Pflanzsubstrates sollte immer der gleiche Typ verwendet werden. Mischen Sie keinen Kompost, Gartenerde, Lehm oder andere Erden bei, das würde die Strukturstabilität des Substrates zerstören.

überschüssiges Wasser geschaffen werden.

- Standleisten am Bodengrund sorgen auch hier für den erforderlichen Freiraum zwischen Kübelboden und Stellfläche.

Das Substratvolumen ist sehr groß und zusammen mit dem Gewicht des Holzes wird eine enorme Standfestigkeit erreicht. Die Sommerkübel werden mit gutem Substrat aufgefüllt. Die Füllung kann viele Jahre im Kübel bleiben. Lediglich im Frühjahr müssen der verfilzte Wurzelballen aufgelockert, abgestorbene Wurzeln ausgelesen und fehlende Erde ergänzt werden.

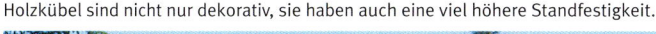

Holzkübel sind nicht nur dekorativ, sie haben auch eine viel höhere Standfestigkeit.

Das richtige Substrat

Die Qualität der Pflanzenerde lässt oftmals zu wünschen

So werden Engelstrompeten umgetopft:

① Zum Umtopfen immer nur wenig größere Gefäße verwenden. ② Dass ein Umtopfen nötig ist, wird an den blassen Blättern und dem zu dichten Wurzelballen deutlich sichtbar. ③ Setzen Sie den Stammgrund beim Umtopfen etwas höher und füllen Sie mit frischer Markenerde gleichen Typs auf. ④ Anschließend andrücken und – bei großen Exemplaren – den Pfahl nicht vergessen. Zum Schluß durchdringend wässern.

übrig. Das trifft besonders auf 08/15-Erden und Erdmischungen zu, die zur Bepflanzung von Töpfen und Kübeln verwendet werden.

Die besten Pflanzsubstrate sind Industrieerden, z. B. Fruhstorfer Erde Typ LD 80. Durch ihren Tonanteil ist sie besonders für Engelstrompeten geeignet.

Markenerden für die Langzeit-Kübelhaltung sind strukturstabil und vergießfest, frei von Unkrautsamen und Schadpilzen und gut gepuffert gegen **pH-Wert**-Schwankungen (der ideale pH-Wert für Engelstrompeten sollte 6,5–7,0 betragen).

Bei diesen Substraten muss man erst nach längerer Zeit überprüfen, ob der pH-Wert noch stimmt. Dieser kann durch die hohen Nährstoffgaben schnell absinken. Vor allem dann, wenn ausschließlich mit Regenwasser gegossen und ein sauer reagierender, ammoniumbetonter Dünger gegeben wurde. Markenerden sind zwar etwas teurer, aber die Pflanzen danken es mit gutem Gedeihen und reicher Blütenpracht.

Mangelerscheinungen durch verschiedene Ursachen: keine ausreichende Düngung bei gleichzeitig zu niedrigem pH-Wert.

Richtig gießen

Das gute Gedeihen der Engelstrompeten hängt nicht nur von der Wassermenge, sondern auch von der Qualität des Gießwassers ab.

Die Qualität des Gießwassers

Rosafarbene Engelstrompeten blühen in Gegenden mit hartem Wasser in leuchtenden Rosatönen, in Gebieten mit weichem Wasser sind sie dagegen blass.

Regenwasser ist zwar ökologisch sinnvoll und preiswert, es enthält jedoch für Engelstrompeten zu wenig Kalk! Das ideale Gießwasser hat eine Härte von 8–10 °dH. Damit wird der Engelstrompete der verbrauchte Kalk ständig nachgeliefert, weshalb man auf Spezialdünger verzichten kann.

Regenwasser lässt sich mit kalkreichem Leitungswasser mischen, um auf die gewünschte Karbonathärte zu kommen. Wer das nicht kann, muss sich anders behelfen. Ich gieße zum Beispiel alle Langzeitkulturen, je nach Bedarf, mit einer Kalkmilch (1 g gelösten Algenkalk auf 1 l Wasser).

Verlassen Sie sich bei Regenwetter nicht darauf, dass die Engelstrompete genügend Wasser abbekommen hat. Sehr oft verhindert das Blattwerk, dass der Regen bis in den Kübel gelangen kann.

Auch bei der Herstellung der Düngelösung ist eine gewisse Vorsicht geboten. Durch Zugabe des Nährsalzes entsteht Lösungskälte; daher den Dünger niemals auf die Substratoberfläche streuen und danach einwässern, sondern das Salz vorher in lauwarmem Wasser auflösen und erst dann die Lösung eingießen.

Wie viel gießen?

Engelstrompeten haben einen hohen Wasserbedarf – das bedeutet aber nicht, dass man sie ohne Maß gießen kann! So hoch ihr Wasserbedarf auch ist, das Wurzelsystem ist überaus empfindlich gegen Staunässe. Zeigen sich Welke-Erscheinungen an einer Engelstrompete mit feuchtem oder gar nassem Substrat, ohne dass sie praller Sonneneinstrahlung und/oder Wind ausgesetzt ist, weist das in den meisten Fällen auf Staunässe im Wurzelbereich hin. Das kann an verstopften Abzugslöchern, fehlendem Freiraum zwischen Kübel und Stellfläche oder aber an einem Untersetzer, in dem ständig überschüssiges Wasser steht, liegen. Staunässe entsteht aber auch, wenn kleine Pflanzen in zu große Gefäße gesetzt werden.

Engelstrompeten werden nur nach Bedarf gegossen, und dieser kann an einem warmen Sommertag oder an einem sehr windigen Tag bei einer großen Pflanze leicht 4–5 Gießkannen betragen, während zu anderer Zeit nur wenig gegossen werden muss.

Richtig düngen

Engelstrompeten benötigen zur optimalen Entwicklung einen guten Standort, geeignetes Substrat, ausreichend Wasser und hohe Nährstoffgaben.

Geeignete Dünger

Zur ausreichenden Nährstoffversorgung der Engelstrompeten eignen sich nur Volldünger in Form wasserlöslicher Nährsalze. Der Stickstoffgehalt sollte keinesfalls unter 14 % liegen.
- Empfehlenswert bei der Verwendung von Regenwasser und Gießwasser bis zu einer Härte von 8 °dH ist Hakaphos-Spezial in der Zusammensetzung 16 % N (Stickstoff) + 8 % P (Phosphor) + 22 % K (Kalium) + 3 % MGO (Magnesium und Spurenelemente).
- Bei Werten über 10 °dH sind andere Nährsalze wie 'Hakaphos blau' oder grün oder auch Mairol-Universalsalz geeignet.
- Langzeitdünger sind trotz ihres Namens für Engelstrompeten nicht geeignet. Die Nährstoffe werden zu langsam und in zu geringen Mengen freigesetzt, so dass es schnell zu Mangelerscheinungen kommt – zumal die Freisetzung vom Feuchtigkeitsgehalt des Substrates und der Bodenwärme abhängig ist.
- Blaukorn sollte man nur verwenden, wenn kein anderer Dünger zur Verfügung steht, denn die Dosierung kann auf den Nährstoffbedarf nur sehr ungenau abgestimmt werden. Je nach Größe der Pflanze gibt man in ein- oder zweiwöchentlichem Abstand eine Handvoll Blaukorn und arbeitet es leicht ein. Mit jedem Gießvorgang lösen sich Nährstoffe.
- Mineralische Flüssigdünger sind aufgrund ihres geringeren Nährstoffgehaltes gänzlich ungeeignet.

Wann und wie oft düngen?

Der jährliche Neuzuwachs einer Engelstrompete ist enorm. Um

Haben sich die Engelstrompeten nach dem Ausräumen an die neuen Lichtverhältnisse gewöhnt, können sie ihren endgültigen Standort auf der Terrasse
oder im Garten ausgepflanzt beziehen.

diese Leistung zu erbringen, benötigt sie hohe Nährstoff-gaben.

- Bei einer wöchentlichen Dün-gung müssen für eine große Pflanze bis zu 80 g Nährsalz auf 10 l Wasser gelöst werden. Bei solch hohen Salzkonzen-trationen darf das Substrat niemals austrocknen. Schwere Verbrennungen der Wurzeln, die die Pflanze nur schwer übersteht, wären die Folge.
- Düngegaben nicht auf einmal geben, um ein zu starkes Auf-salzen des Substrates zu ver-hindern.
- Als beste Düngemethoden haben sich tägliches Düngen mit 10 g Nährsalz auf 10 l Was-ser oder jeden dritten Tag 30 g auf 10 l Wasser bewährt.

- Gedüngt wird nur bei feuchtem Substrat. Ist es zu trocken, muss vorher gegossen werden.

Pflege rund ums Jahr

Engelstrompeten gehören zu den Kübelpflanzen, die den Sommer über an einem ge-schützten Standort auf Balkon, Terrasse oder im Garten verbrin-gen können. Im Winter brau-chen diese Pflanzen in unserem Klimagebiet jedoch ein frost-freies Winterquartier.

Vom Winterquartier in die Sommerfrische

Engelstrompeten können ent-weder kalt im dunklen Keller

oder im Gewächshaus überwin-tert werden.
Was beim Ausräumen zu be-achten ist:

- Kalt überwinterte Engelstrom-peten können, wenn es die Witterungsverhältnisse zulas-sen, bereits Mitte bis Ende April ins Freie. An einem ge-schützten, halbschattigen Platz gewöhnt man sie an die neuen Lichtverhältnisse.
- Die im Winterquartier gebil-deten, meist wenigen weiß-grünen Triebe müssen sofort nach dem Ausräumen entfernt werden, da sie erfahrungs-gemäß trotz aller Vorsichts-maßnahmen bei der ersten, direkten Sonneneinstrahlung verbrennen. Als Folge davon stockt das ganze Wachstum, denn der Austrieb konzentriert sich auf diese wenigen Winter-triebe. Entfernt man sie gleich nach dem Ausräumen, rea-

Engelstrompeten dürfen keines-falls sofort nach langer, dunkler Überwinterung der prallen Sonne ausgesetzt werden. Selbst verholz-te Triebe können einen Sonnen-brand bekommen und Wachstums-störungen wären die Folge.

giert die Pflanze darauf mit dem Austrieb vieler neuer und abgehärteter Jungtriebe.

- Bedingt durch die kühle und trockene Überwinterung sind die meisten Saugwurzeln abgestorben. Durch das Gießen mit lauwarmem Wasser wird das Pflanzenwachstum angeregt und damit auch die Bildung neuer Saugwurzeln.

- Nach etwa zwei Wochen zeigen sich die ersten Triebansätze. Nun kann gedüngt werden. Zum Auftakt eine stärkere Düngegabe verabreichen, um den Pflanzen nach der langen, kräftezehrenden Überwinterung einen Schub zu geben. Dafür werden in 10 l lauwarmem Wasser 40 g eines Nährsalzes gelöst und jede Pflanze damit durchdringend gegossen. Nach einer Woche kann im üblichen Turnus weiter gedüngt werden.

- Im Gewächshaus überwinterte Engelstrompeten sollten auf keinen Fall vorgetrieben werden. Stattdessen tagsüber und in frostfreien Nächten die Fenster öffnen, um das Wachstum zu bremsen oder in klimatisch begünstigten Zonen früher ausräumen. Vorgetriebene Engelstrompeten büßen durch mangelnde Abhärtung den Vegetationsvor-

sprung wieder ein. Sie werden nach eigener Erfahrung von Pflanzen, die erst Anfang Mai aus einem dunklen Keller hinaus ins Freie kamen, bis Ende Juni im Wachstum nicht nur ein-, sondern überholt.

- Auch Gewächshauspflanzen benötigen nach dem Ausräumen einen halbschattigen Standort, um sich an die intensiveren Sonnenstrahlen zu gewöhnen. Sonst sind Verbrennungsschäden nicht auszuschließen.

Nach den Eisheiligen können die Engelstrompeten ihren endgültigen Standort im Garten oder Sommerkübel beziehen.

Standorte im Sommer

Engelstrompeten können die Sommerfrische je nach Platzangebot entweder im Kübel auf dem Balkon, der Terrasse, vor dem Hauseingang oder im Garten verbringen. Man kann sie aber auch im Garten ins Beet oder die Rabatte auspflanzen.

Engelstrompeten im Garten

Fällt die Wahl auf einen Platz im Garten, muss eine Pflanzgrube mit der doppelten Breite des Ganzjahreskübels ausgehoben werden. Der Erdboden am Grubengrund wird aufgelockert und

die Engelstrompete mit Kübel so eingesenkt, dass der Kübelrand etwas oberhalb der Pflanzgrube abschließt. Anschließend vermischt man Gartenerde zu gleichen Teilen mit dem verwendeten Kultursubstrat, verfüllt damit die Pflanzgrube und tritt die Erde leicht an. Gegossen und gedüngt wird nur über den Kübel. Dies hat den Vorteil, dass man bei längeren Trockenperioden die Pflanzen ausreichend mit Wasser und Dünger versorgen kann. Beides versickert nur aus den Seitenöffnungen und Abzugslöchern am Boden, wovon die dort befindlichen starken Wurzelstränge profitieren.

Engelstrompeten im Kübel

Hält man Engelstrompeten den Sommer über in Kübeln, dann wird die Pflanze mitsamt dem Ganzjahresgefäß in den bereit stehenden Sommerkübel gesetzt. Der kleinere Kübel kommt so tief in das größere, mit aufbereitetem oder frischem Pflanzsubstrat gefüllte Sommergefäß, dass nur noch der Rand zu sehen ist. Dann wird das Substrat rund herum gut angedrückt. Beim Angießen der Pflanze muss sowohl das Substrat des kleinen als auch des großen Kübels gegossen werden (siehe dazu auch Seite 74).

Pflege im Sommer

Es wird nach Bedarf gegossen und der Düngerhythmus eingehalten. Sind dann noch optimale Witterungsverhältnisse gegeben, setzen die – aus der Blühregion vermehrten – Engelstrompeten bereits ab Ende Juni die ersten Knospen an. Bei den meisten Arten und Sorten liegt die Hauptblüte Anfang bis Mitte August. Darauf sollten Sie im Sommer achten:

- Substratoberfläche wöchentlich auflockern.
- Sich bildende Algenbeläge unbedingt entfernen.
- Beim Umtopfen Stammgrund höher setzen, Wurzelballen dazu abschrägen.

Luftfeuchtigkeit erhöhen

Stellt sich in Sommermonaten ein kontinentales Hoch mit geringer Luftfeuchte ein, reduziert sich der Stoffwechsel der Pflanze. Dauert solch eine Wetterlage länger an, kommt das Wachstum zum Erliegen. Daher sollte an diesen Tagen den Engelstrompeten abends eine Erfrischung gegönnt werden. Nach Sonnenuntergang überbraust man sie mit lauwarmem Wasser. (Tagsüber gefüllte Gießkannen in die Sonne stellen!) Bei größeren Pflanzen leistet eine Druckspritze gute Dienste.

- Niemals bei praller Sonneneinstrahlung die Pflanzen überbrausen oder beregnen. Wassertropfen auf Blättern und Blüten wirken wie Brenngläser!

Durch die höhere Luftfeuchte hebt sich nicht nur das Wohlbefinden der Engelstrompeten, Schädlingen, die eine trockenheiße Witterung über alles lieben, zum Beispiel Spinnmilben, macht dies das Leben schwer. Daher auch die Unterseite der Blätter gut benetzen, hier sitzen die Schädlinge am liebsten.

Stellen sich nach längerer Trockenheit nur ein oder zwei Regentage ein, lebt die Engelstrompete richtig auf. Man sieht es deutlich an den Knospen, die in einem Zeitraum von nur 24 Stunden beachtlich an Größe zunehmen.

Pflanzen stützen

Im Sommer sind die Engelstrompeten oftmals durch Sturmböen oder Fallwinde gefährdet, die während eines Gewitters auftreten können. Hier kann man durch Stützen der Triebe durch Bindebänder (Bauchbinden) größeren Schäden vorbeugen. Man steckt an der Seite zur

Am effektivsten lässt sich die Luftfeuchtigkeit erhöhen, wenn am Abend der Standort der Engelstrompeten mit einer Sprinkleranlage beregnet wird. Diese Maßnahme ist vor allem dann nötig, wenn die Engelstrompete auf einer Terrasse steht, wo sich tagsüber die Hitze staut und die Temperatur auf Rekordwerte steigen kann.

Hauptwindrichtung einen größeren Stützstab in den Kübel oder Boden, legt das Bindeband um alle Triebe herum und befestigt es mit Paketklebeband so an dem Stützstab, dass es nicht

Das breite Bindeband wird am Stützstab befestigt; es schützt den Neuaustrieb älterer Büsche und Bäume oder die Krone eines jungen Hochstämmchens.

Je länger Engelstrompeten im Freien verbringen, desto abgehärteter gehen sie ins Winterquartier. Die meisten müssen fast sieben Monate in einem dunklen Keller verbringen, sodass man ihnen so lange Tageslicht geben sollte, wie nur möglich.

verrutschen kann. Das Band sollte etwa in Mitte der Triebe verlaufen. Mit zunehmendem Wachstum kann noch ein zweites Band weiter oben angebracht werden. Die Bänder sind praktisch unsichtbar – sie verschwinden völlig unter dem Blattwerk der Engelstrompete – und wirkungsvoll: Die Triebe

Bäume mit Holzpfählen und breiten Bindebändern stützen. Gleiches gilt für Triebe und Baumkronen, die mit Schlingen gehalten werden müssen.

können sich innerhalb der Schlinge bewegen, aber nicht abbrechen.

Pflege im Herbst

Im September bilden sich noch einmal viele Knospen. Tritt die »Goldener Oktober«-Wetterlage ein, bringen die Engelstrompeten noch einmal einen großen Blütenschub. Dieser kann die Fülle der Augustblüte weit übertreffen, wenn kühle Septembernebel keinen starken Knospenabwurf auslösen. Durch sinkende Temperaturen und kürzer werdende Tage sind die Blüten jedoch kleiner und nicht mehr so ausgefärbt wie im Hochsommer.
- Ab Anfang September wird nicht mehr gedüngt, um die Pflanzen auf die bevorstehende Winterruhe vorzubereiten!

Schutz vor Frühfrösten

Die ersten leichten Bodenfröste, meist schon im September, werden ohne Schäden überstanden. Oftmals folgen noch einige Wochen mit milden Tagen und Nächten.
Gegen allzu frühe Fröste sollten die Pflanzen durch Umwickeln, beispielsweise mit Zeitungspapier, der Stängel- und Stammteile geschützt werden, die vor dem Einräumen ins Winterquar-

tier nicht zurückgeschnitten werden. Alles andere überlässt man seinem Schicksal. Es fällt sowieso dem späteren Rückschnitt zum Opfer.

Ganzjahresgefäß ausgraben

Je nach Klimaregion und Wetterlage ist Mitte Oktober die Zeit für den Einzug ins Winterquartier gekommen.
- Wurzeln am äußeren Rand des Ganzjahreskübels abstechen und diesen zusammen mit der Pflanze ausgraben.
- Verletzungen an dicken Wurzeln, die aus den Seitenlöchern herausgewachsen waren, mit Chinosol besprühen und trocknen lassen.
- Waren die Pflanzen noch starken Regenfällen ausgesetzt und der Wurzelballen ist vollgesogen mit Wasser, nur

Die Pflanzen werden mitsamt dem Ganzjahreskübel ausgegraben.

Diese acht Jahre alten Büsche, einst aus der Blühregion vermehrt, wurden auf das Grundgerüst zurückgeschnitten.

Nur der Neuaustrieb wird entfernt, die verholzten Verzweigungen der Blühregion bilden das Grundgerüst.

die Triebe kürzen und die Pflanzen an einen regengeschützten, aber luftigen Platz stellen. Die verbleibenden Blätter sorgen durch Verdunstung für eine rasche Abtrocknung des Wurzelballens. Hier zeigt sich nun der Vorteil der Doppelpflanzung (Ganzjahresgefäß im Sommerkübel): Ein kleiner Wurzelballen trocknet schneller ab als ein großer.

Der richtige Rückschnitt

Mit dem Herbst ist auch die Zeit für den Rückschnitt gekommen. Engelstrompeten dürfen niemals so stark zurückgeschnitten werden, wie immer empfohlen wird. Ein schonender Rückschnitt beschert immer eine größere Blütenfülle im nächsten Jahr. Pflanzen, die jedes Jahr erst lange Triebe bilden, bevor sie blühen, werden nur leicht gekürzt. Die Blühregion ist dabei unbedingt zu schonen. Ist das aus Platzgründen nicht möglich, sollte die Pflanze über einen Steckling aus diesem Bereich verjüngt werden (siehe Seite 77), denn die jungen Engelstrompeten sind in den nächsten Jahren viel blühwilliger als die alte Mutterpflanze. Bei den anderen wird nur der Neuzuwachs des Jahres entfernt und zur weiteren Formgebung vielleicht ein starker, gut ausgereifter Blühtrieb stehen gelassen. Aus dem Boden kommende

Triebe werden entfernt. Sie sind zur Verjüngung der Engelstrompete ungeeignet. Stattdessen einen jungen, gut ausgereiften Blühtrieb stehen lassen, wenn ein alter, über Winter einge-

Engelstrompeten niemals mit nassen Ballen ins Winterquartier stellen – Wurzel- und Stammgrundfäule wären die Folge, und die Pflanzen nicht mehr zu retten.

Ein wärmeres Winterquartier benötigen alle Arten von *B. versicolor*
und deren Hybriden, *B. insignis*
und einige *B. × candida*-Wildfor-
men. Diese Engelstrompeten können für längere Zeit nicht unter
15 °C stehen, ohne Schaden zu
nehmen.

Die verbliebenen Blätter verdunsten überschüssiges Wasser aus dem Wurzelballen.
Ist er abgetrocknet, können sie entfernt werden.

trockneter Ast ersetzt werden
soll. Zum Rückschnitt junger
Halb- und Hochstämme siehe
Seite 70).

- Schnittstellen sofort mit Chinosol einsprühen, um etwaige
  Pilze und Bakterien abzutöten.
  Das Bestreuen mit Aktivkohle
  oder Verstreichen mit einem
  Wundmittel ist meistens
  zwecklos, da es bei noch
  nachblutenden Trieben weg-
  gewaschen wird. Mit Chinosol
  kann bei Bedarf oder auch
  als Vorsichtsmaßnahme noch
  einmal nachgesprüht werden.
- Wichtig ist, dass beim Rückschnitt auf Sauberkeit und Hygiene geachtet wird. Nach
  jeder Pflanze muss das be-
  nutzte Schnittwerkzeug in ko-
  chend heißem Wasser des-
  infiziert werden, um etwaige
  Krankheitserreger abzutöten.
  Die Hände ebenfalls gründlich
  waschen! Erst dann kann mit

dem Rückschnitt der nächsten
Pflanze begonnen werden.

Richtig überwintern

Für die meisten Engelstrompeten genügt als Winterquartier
ein trockener Keller, ein heller
Raum oder ein Gewächshaus.
Wichtig ist, dass der Überwinte-
rungsraum frostfrei und mit ausreichenden Belüftungsmöglich-
keiten versehen ist.
Ein kühler Standort bei 5–12 °C
ist einem warmen vorzuziehen,
denn die Pflanzen legen auch
in ihrer Heimat von Dezember
bis Januar eine Ruhepause ein.
Ein weiterer Vorteil der kühlen

Überwinterung: Schädlinge, im
Winter überwiegend Blattläuse,
vermehren sich nicht so stark.
Im Winterquartier sind folgende
Pflegemaßnahmen durchzu-
führen:

- Einmal in der Woche alle
  Pflanzen auf Pilz- oder Schädlingsbefall untersuchen und
  abgeworfene Blätter entfernen, um Grauschimmel vorzubeugen.
- Den Wurzelballen niemals
  völlig austrocknen lassen.
  Bei Bedarf etwas gießen, das
  Substrat aber nur leicht feucht
  halten, keinesfalls nass.
- An frostfreien Tagen ausreichend lüften.

• Länger anhaltende Frostperi-
oden durch Aufstellen von
Ventilatoren mit ausreichender Luftumwälzung über-
brücken. Sie verhindern stehende Luft zwischen den
Pflanzen und helfen mit,
Schimmelbefall vorzubeugen.
Achtung, der Luftzug darf
nicht direkt auf die Pflanzen
gerichtet sein!

Hochstämmchen ziehen

Wenig bekannt ist, dass sich die
Engelstrompete hervorragend
zum Heranziehen eines Hoch-
stammes eignet, bei dem die
Blüten weitaus besser zur Geltung kommen als an einem
Busch.

Höhe des Hoch-
stämmchens

Wer sich ein Halb- oder Hochstämmchen ziehen möchte, sollte sich zunächst über die Höhe
des zur Verfügung stehenden
Winterquartiers informieren –
dabei die Höhe der Pflanzkübel
mit berücksichtigen! Im Gewächshaus wird der Pflanzkübel
zur besseren Standfestigkeit im
Boden versenkt, hier braucht
nur noch an eine angemessene

Kopffreiheit für den im Frühjahr
einsetzenden Neuaustrieb ge-
dacht werden.

Geeignete Triebe
auswählen

Zur Erziehung zum Hochstamm
sind aus dem Boden kommende
Sprosse und Seitentriebe der
Wachstumsregion gut geeignet.
Weil sich Stecklinge von verschiedenen Trieben stets unterschiedlich rasch entwickeln, bewurzelt man am besten mehrere
Stecklinge im Frühjahr. Aus diesen kann man dann solche für
die Hochstämmchen auswäh-
len, die den eigenen Größenvor-
stellungen entsprechen.
Ist das Blühstadium erreicht
und beginnt sich die Triebspitze
zu verzweigen, wird das Wachstum langsamer, aber der Stamm
streckt sich noch, und das
macht manchmal bis zu 40 cm
aus.

Unbedingt nötig:
Ein Stützstab

Die Stecklinge benötigen schon
frühzeitig einen Stützstab, um
einen geraden Stamm zu erhalten. Mit zunehmendem Wachstum der Pflanze muss auch der
Stützstab immer kräftiger und
länger werden. Nach Erreichen

Engelstrompeten dürfen nicht
entspitzt werden wie Fuchsien
oder Wandelröschen, um eine
blühfähige Krone aufzubauen.
Diese kann nur aus den Verzweigungen der Blühregion geformt
werden.

Die gerade ausgebildete Krone eines jungen
Halbstämmchen wird gestützt.

Ein zweijähriger Hochstamm erhält seinen ersten formgebenden Rückschnitt. Die bleibenden Verzweigungen bilden nicht nur das Grundgerüst, sondern mit zunehmendem Alter auch das Traggerüst einer mächtigen Krone.

der Blühregion sollte er das junge Bäumchen um mindestens 60 cm überragen. An ihm wird nicht nur der noch biegsame Stamm mit drei breiten Baumbindebändern angebunden. Auch die beiden Zweige, die sich durch das Teilen der Triebspitze bildeten und mittels einer Schlinge zusammen gehalten werden müssen, werden rutschfest befestigt, denn mit zunehmender Verzweigung und Längenwachstum sind sie extrem windbruchgefährdet.

Weitere Pflegemaßnahmen

Das junge Bäumchen braucht im Herbst keinen Rückschnitt, da die jungen Triebe des Kronenbereiches besonders gerne eintrocknen. Es muss hell, bei Temperaturen zwischen 8–10 °C, überwintern. Im Frühjahr abgestorbene Kronenteile entfernen, und die Triebe nur entspitzen, wenn jeder der beiden Äste über drei Verzweigungen verfügt. Dabei auch die Anzahl der alten Blattansätze berücksichtigen. Dort finden sich die so genannten »schlafenden« Augen, aus denen die Engelstrompete neu austreibt. Jeder Ast sollte mindestens zehn solcher Augen besitzen. Ist die Krone noch zu klein, lässt man sie weiter wachsen.

Endgültiger Formschnitt

Bei manchen Engelstrompeten setzt bereits nach nur zwei Verzweigungen das Längenwachstum der blühreifen Triebe ein. Bei den meisten ist das aber erst nach der dritten der Fall. Auch sind die Abstände zwischen den Verzweigungen nicht immer gleichmäßig. Wenn die Krone des jungen Baumes im zweiten Herbst ihren endgültigen Formschnitt erhält, muss man diese Unterschiede beachten. Bei wenigen Gabelungen werden dafür die Langtriebe der Blühregion in die Formgebung mit einbezogen. Dies ist dann, wie bei den Büschen auch, das Leit- oder Grundgerüst, auf das jedes Jahr zurückgestutzt wird. Für einen besonders schönen Kronenaufbau sollten auf jeder Seite die gleiche Anzahl Äste in der gleichen Länge stehen bleiben. Diese müssen noch zwei Jahre gestützt werden, bis sie gut verholzt sind. Sie bilden einmal das Traggerüst einer mächtigen Krone.

Pflege im Freien

Im Garten frei ausgepflanzte Hochstämme zeigen sich von ihrer schönsten Seite. Zu ihnen muss, wie bei Neupflanzungen von heimischen Bäumen, eine Stütze von im Dreieck angeordneter Holzpfähle. Sie

Hochstämmchen werden immer beliebter. Damit kommen die Blüten erst richtig zur Geltung, wie hier bei *B. × candida* 'Ocre'. Die breiten Stützschlingen der noch bruchgefährdeten Krone verschwinden völlig unter dem Laubwerk.

Holzpfähle und der Stützstab im Laufe der Zeit zuwächst, sind die Hilfen bis jetzt keinem der zahlreichen Besucher bei der Besichtigung meiner Engelstrompeten aufgefallen.

auf einen blick

- Engelstrompeten können nach den Eisheiligen ins Freie gestellt werden.
- An einem halbschattigen Standort abhärten.
- Windgeschützt aufstellen.
- Große, standfeste Pflanzgefäße verwenden und viel Wurzelfreiraum bieten.
- Für guten Wasserabzug im Kübel sorgen.
- Nach Bedarf gießen, Staunässe unbedingt vermeiden.
- An heißen Tagen für erhöhte Luftfeuchtigkeit sorgen.
- Düngeplan einhalten.
- Triebe mit breiten Baumbändern gegen Windbruch stützen.
- Anfang September die Düngung einstellen.
- Vor dem Einräumen im Herbst den Wurzelballen gut abtrocknen lassen
- Im Winterquartier regelmäßig auf Schädlingsbefall und Krankheiten überprüfen.

dient zum Anbinden des Stammes. Ein Pfahl sollte, zur Hauptwindrichtung, vor dem Baum eingeschlagen werden, um an ihm, mit Hilfe des Paketklebebandes, einen Stützstab zu befestigen.

Der Neuaustrieb der Krone wird mit Hilfe der bereits beschriebenen Bauchbinden auf die gleiche Weise wie bei den Büschen gesichert (siehe Seite 65). Da das Klebeband eine ähnliche Farbe besitzt wie die

Engelstrompeten vermehren und züchten

Wer Freude an Engelstrompeten hat, der möchte nicht nur eine, sondern mehrere Pflanzen sein eigen nennen und deshalb mit der Vermehrung seiner Pflanzen beginnen.

Engelstrompeten lassen sich aus Samen, Stecklingen und durch Abmoosen vermehren. Die Vermehrung durch Samen ist nicht ganz einfach und es dauert relativ lang, zu blühreifen Pflanzen zu kommen. Schneller geht dies durch Stecklingsvermehrung oder Abmoosen.

Vermehrung durch Stecklinge

Engelstrompeten lassen sich relativ leicht durch Stecklinge vermehren.
Die beste Zeit zur Vermehrung ist entweder im zeitigen Frühjahr oder Herbst. Ich bevorzuge den Herbst, da dann durch den Rückschnitt besonders viel Material anfällt und die Auswahl an ausgereiften Stecklingen und Steckhölzern aus dem Blühbereich groß ist.
Die starken Hölzer bewurzeln zwar langsamer als grüne, noch

nicht ausgereifte Triebe, sind jedoch viel weniger durch Fäulnis gefährdet und der Pflanzenfreund hat den Vorteil, dass er im nächsten Jahr eine kräftige Pflanze hat, die im ersten Sommer bereits reichlich Blüten ansetzt.

Kopfstecklinge sollten im Frühsommer vermehrt werden, sie eignen sich nur schlecht zur Herbstbewurzelung. Sie sind grün und noch nicht ausgereift und müssen nach erfolgter Wurzelbildung im Wachstum gehalten werden oder aber in einem warmen, oben offenen Vermehrungsbeet in die Winterruhe gehen. Am Wohnzimmerfenster gelingt so etwas nur in den seltensten Fällen.

Steckhölzer lassen sich leichter bewurzeln. Man steckt sie zu mehreren in einen Eimer mit Anzuchterde oder noch besser, Vermiculite und stellt sie in einen hellen Raum. Bei etwa 10–12 °C bewurzeln sie bis Ende Februar und können dann vereinzelt werden. Die jungen Pflanzen müssen ausreichend hell und warm (zwischen 15 bis 18 °C) stehen.

Gut bewurzelte Stecklinge aus verschiedenen Vermehrungsformen. Kleine Töpfe garantieren schon nach kurzer Zeit einen kompakten Wurzelballen.

Diese Art der Bewurzelung kann auch im Gewächshaus erfolgen. Da diese meist aber nur frostfrei gehalten werden, empfiehlt sich hier der Einsatz von Wärmematten.
Zur Stecklingsvermehrung nur kleine Töpfe verwenden. Entsprechend der Stecklingsgröße 4er- oder 7er-Vierkanttöpfe, tiefe Form, nehmen.
• Die Durchlüftung des Bewurzelungssubstrates ist durch das geringere Volumen gesi-

◀ Die imposanten gefüllten Blüten von 'Charleston'.

Eine kleine Pflanze von 'Kurpark Bad Salzschlirf' erhält auch im Juni nur ein ihrer Größe entsprechendes Gefäß, das zur besseren Standfestigkeit in einen etwas größeren Kübel eingesenkt wird.

Dieselbe Pflanze im August. Bei guter Düngung hat sie sich gut entwickelt. Die Wurzeln sind aus dem Abzugslöchern des kleinen Topfes in den größeren Sommerkübel gewachsen.

chert, und es staut sich keine Nässe, bei der sich Fußkälte bildet.

- Die kleinen Töpfe erwärmen sich besser, was auch bei Benutzung von Heizmatten von Vorteil ist.
- Sie sind im Nu durchwurzelt und ein kompakter Wurzelballen ist für die Weiterkultur wichtig.

Geeignete Substrate

Als Bewurzelungssubstrat haben sich außer Torf/Sandgemisch im Verhältnis 50:50 auch Vermiculit oder Bimskies bewährt. Letztere haben den Vorteil, dass sie nährstoffarm sind und über eine sehr poröse Oberfläche verfügen, die sehr luftdurchlässig ist und eine hohe Wasserspeicherkapazität hat. Außerdem bewirken sie eine schnellere Durchwurzelung des Topfes. Lediglich bei der Verwendung von Bimskies besteht die Gefahr, dass der Wurzelballen beim Umtopfen auseinander fällt.

Selbst gute Markenanzuchterden sollten vor dem Gebrauch als Vermehrungserde gedämpft werden.

Ich bevorzuge Vermiculite. Es ist fast völlig keimfrei, sofern es frisch ist und trocken gelagert wurde.

Vermehrungsbeet und Anzuchtkasten

Am besten gelingt die Bewurzelung in einem Vermehrungsbeet oder im Anzuchtkasten unter Einsatz einer **Heizmatte.** Als gute Vermehrungsbeete mit ausreichender Höhe haben sich Zwerghasen- und Meerschweinchenkästen er

wiesen. Dazu braucht man nur noch eine passende Thermolux-Wärmematte und ein Thermostat zur Regulierung der Bodenwärme. Anstelle eines Reglers kann eine Zeitschaltuhr Überwärmung vermeiden helfen.

Die Matten werden in die Kästen gelegt, mit Quarzsand 10 cm hoch abgedeckt und hierin die Töpfe versenkt. Zur besseren Wärmeverteilung, Vermeidung eines Hitzestaus an der Wärmematte und Erhöhung der Luftfeuchte im Beet muss der Sand stets nass gehalten werden. Zum Befeuchten eignet sich am besten abgestandenes Leitungswasser. Regenwasser ist ungeeignet, da mit ihm zuviel Schmutz und Keime in den Sand gelangen, das Beet nach längerer Verwendung nicht nur muffig riecht, sondern sich auch die Bewurzelungsrate verringert.

Da die Tierkäfige oben offen und nur mit einem Gitter versehen sind, müssen sie – um die zur Bewurzelung erhöhte Luftfeuchte zu erreichen – mit einer Glasscheibe oder Plastikfolie abgedeckt werden. Die Abdeckung wird entfernt, sobald die jungen Pflanzen gut bewurzelt sind und umgetopft werden können.

Auch ausgediente Aquarien und Terrarien können zu Vermehrungsbeeten umfunktioniert werden, sie müssen nur über eine ausreichende, Höhe verfügen (am besten um 50 cm). So lassen sich nicht nur größere Stecklinge bewurzeln, auch das Kleinklima ist besser.

Die Anzuchtkästen sollten so hell wie möglich, jedoch nicht sonnig stehen. Sonst muss für ausreichende Schattierungsmöglichkeiten gesorgt werden, um Pflanzenverlust

durch Hitzestau zu vermeiden.

Vermehrung im Topf

Für Liebhaber, die nur ab und an einmal einen Steckling ohne großen Aufwand bewurzeln möchten, bietet sich eine einfache, aber ebenso erfolgreiche Methode an:

- Topf mit dem Steckling nach dem Angießen in einen großen 6-l-Gefrierbeutel stellen.
- Den Beutel prall mit Luft aufblasen und gut verschließen. Die entstehende Feuchtigkeit kann nun nicht entweichen, und es bildet sich »gespannte Luft«.
- Am Steckling belassene Blätter vorher so einkürzen, dass sie nach dem Aufblasen die Beutelwand nicht berühren – sie verfaulen sonst.
- Den Beutel an einen hellen und warmen Standort stellen.

Bei sichtbar einsetzendem Wachstum den Beutel öffnen, damit Luft an die junge Pflanze gelangt.

Diese Art der Vermehrung kann man ab April bis Anfang August praktizieren.

Bei genügender Bodenwärme und ausreichendem Licht bewurzeln die Stecklinge in drei bis vier Wochen.

Sämlinge können beachtliche Längen erreichen, bevor das Wachstum abgeschlossen wird. Bei diesem ist der Abschluss in fast drei Meter Höhe. Die erste Verzweigung ist gut erkennbar.

Bewurzelung im Wasser

Engelstrompeten bewurzeln auch gut im Wasser. Es bilden sich allerdings derbe und brüchige Wurzeln. Nach dem Eintopfen in das Erdsubstrat stockt das Wachstum, da diese Wur-

Für Profis gibt es im Handel Vermehrungsbeete ab 50 cm Höhe aus Stegdoppelplatten mit thermostatgesteuerter Bodenwärme.

Kleiner, aus einer Blühverzweigung vermehrter Steckling mit gutem Knospenbesatz.

zeln sich erst den neuen Bedingungen anpassen müssen. (In Vermiculit oder einer Anzuchterde bewurzelte Stecklinge haben feinere und elastische Wurzeln und wachsen nach dem Umtopfen zügig weiter.)

- Stecklinge nur so lange im Wasserglas lassen, bis sich ein weißer Wulst oder eine Verdickung (Kallus) an der Schnittstelle zeigt.

Die weitere Bewurzelung erfolgt dann in einem Anzuchtsubstrat.

Stecklinge schneiden

Wer früh und reich blühende Büsche möchte, entnimmt seine Stecklinge nur der Blühregion einer Mutterpflanze. Denn mit der richtigen Wahl des Stecklings wird der Grundstein für eine blühfreudige Pflanze gelegt. Sie behält diese Eigenschaft ihr Leben lang.

Richtiger Stecklingsschnitt aus Verweigungen der Blühregion.

Herbststeckling mit der Y-Verzweigung aus dem Übergang der Wachstums- in die Blühregion.

Stecklinge mit übrig gebliebenem Stängelteil der Wachstumsregion (unten), der nicht verwendet wird.

Der Steckling hat sich rasch entwickelt und wird im Herbst des darauf folgenden Jahres auf das Grundgerüst zurückgeschnitten (hier: nach dem Rückschnitt).

- Der Steckling sollte mindestens 25 cm lang sein, bereits leicht verholzt und Knospenansatz haben. Dieser wird zwar abgestoßen, nach dem Anwachsen der jungen Pflanze aber wieder neu gebildet.
- Den Schnitt führt man mit einem scharfen Messer einen halben Zentimeter unterhalb eines Blattknotens aus. Ist es ein längerer Ast, lassen sich mehrere Stecklinge daraus machen, denen je mindestens vier Blattknoten verbleiben müssen.
- An der Spitze den Schnitt einen halben Zentimeter oberhalb eines Blattknotens ansetzen, ohne das dazu gehörige schlafende Auge zu verletzen.
- Eventuell vorhandene Blätter am unteren Ende sowie große Blätter des zweiten Ansatzes entfernen. Die des dritten und letzten halbieren, um die Wasserverdunstung zu reduzieren. Dazu am Mittelnerv leicht zusammenfalten und mit einer scharfen Schere kappen.
- Anschließend kann man die Stecklinge in ein Bewurzelungspräparat tauchen. Bei Verwendung eines solchen Präparates darf die Bodentemperatur keinesfalls über 25 °C ansteigen.
- Den einzelnen Steckling so tief in das Bewurzelungssubstrat stecken, dass der zweite Blattknoten sich nach Andrücken des Substrates dicht über der Oberfläche befindet.
- Gut angießen, die Töpfe in das Vermehrungsbeet stellen und

Gut bewurzelte, teilverholzte Y-Verzweigung vom Übergang der Wachstums- in die Blühregion.

Herbststeckling des Blühbereiches – ohne Triebspitze.

Auch hier erfolgt der Rückschnitt auf das Grundgerüst im nächsten Herbst.

den Deckel schließen. So bleibt die benötigte Luftfeuchte erhalten und die Stecklinge verwelken nicht.

Steckhölzer schneiden

Für die Bewurzelung von Steckhölzern sind die Y-Verzweigungen vom Übergang der Wachstums- in die Blühregion oder der Blühregion selbst besonders gut geeignet. Mit ihnen lassen

Jungpflanzen immer in nur wenig größere Gefäße umtopfen. Dabei die Stammbasis höher setzen und einen Gießrand belassen.

sich schöne Büsche formen, da sie über zwei Seitenäste verfügen.
Unterhalb der Verzweigung verbleibt ein Stiel mit zwei Blattansätzen, darüber drei an jedem der beiden Stängel. Auch hier kann ein Bewurzelungspräparat verwendet werden. Das Steck-

holz anschließend so tief setzen, dass die Verzweigung nur noch wenige Zentimeter aus dem Substrat herausschaut und ihn warm und hell stellen. Eine hohe Luftfeuchte benötigen ausgereifte Steckhölzer nicht, sie würden unweigerlich faulen. Zur schnelleren Bewurzelung empfiehlt sich der Einsatz einer Wärmematte.

Stecklinge umtopfen und düngen

Nach drei bis vier Wochen zeigt einsetzender Austrieb an, dass Wurzeln gebildet wurden.
Mit zunehmendem Wachstum benötigen die jungen Pflanzen immer mehr Wurzelraum, sodass die Stecklinge umgepflanzt werden müssen.
Trotz ihres raschen Wachstums werden junge Engelstrompeten bei jedem Umpflanzen in nur wenig größere Gefäße gesetzt. Das garantiert die Versorgung der Wurzeln mit Sauerstoff und beugt Staunässe vor.
Gedüngt wird anfangs zweimal wöchentlich mit 20 g Nährsalz auf 10 l Wasser. Mit zunehmendem Wachstum, etwa ab Juli, jeden zweiten Tag düngen. Nach jedem Umtopfen wird die Düngung zwei Wochen lang ausgesetzt.

Steckhölzer umtopfen und düngen

Gut bewurzelte Steckhölzer wachsen erfahrungsgemäß viel schneller heran als Jungpflanzen aus schwach verholzten, z. T. grünen Stecklingen. Zwei bis drei Wochen liegen manchmal nur zwischen den Umtopfterminen. Die meisten benötigen sogar schon im August einen 10-l-Kübel, da die Wasserspeicherkapazität des alten Topfes erschöpft ist.
Da auch ein erhöhter Nährstoffbedarf besteht, erhalten sie nach dem ersten Umtopfen vom 11er in den 16er Vierkant- oder Rundtopf nach nur einer Woche Düngepause jeden dritten Tag 20 g Nährsalz auf 10 l Wasser. Dem Wachstum entsprechend, wird ab Juli die Gabe auf 30 g erhöht.
Das sind Erfahrungswerte unter meinen Kulturbedingungen, aber keine exakten Vorgaben. Hier muss der Pflanzenfreund seine Pfleglinge beobachten und dementsprechend handeln.

Jungpflanzen zurückschneiden

Nicht nur die Wahl des Stecklings, auch der richtige

Der erste und formgebende Rückschnitt bei einem Busch. Dadurch wird das Grundgerüst gebildet.

Rückschnitt ist ausschlaggebend für den Blüherfolg. Im ersten Standjahr werden die jungen Pflanzen, wenn erforderlich, nur entspitzt. Im zweiten erhalten sie den ersten richtigen Rückschnitt, der auch zur Formgebung dient. Die Triebe werden auf 1,20 m eingekürzt und sollten nicht weniger als 10–12 alte Blattansätze aufweisen. Auf dieses Grundgerüst wird dann in jedem Herbst zurückgeschnitten. Aus dem Boden kommende Triebe werden entfernt. Sie verhalten sich meist wie Sämlinge und können beachtliche Längen erreichen, bevor sie blühen.

Vermehrung durch Abmoosen

Eine andere Art der Vermehrung ist das Abmoosen. Dadurch lassen sich nicht nur in kurzer Zeit kräftige Büsche oder Kronenbäumchen heranziehen, sondern das Abmoosen wird auch sehr erfolgreich bei Arten angewandt, die bei der herkömmlichen Bewurzelung große Schwierigkeiten bereiten – ist allerdings etwas aufwändig.
- Zum Abmoosen sind größere Triebe, die leicht oder stärker verholzt sind, besser geeignet als grüne Kopfstecklinge.
- Der Trieb wird an einen Stützstab angebunden und dann

mit einem scharfen Messer unter einem Blattknoten V-förmig eingekerbt. Die Kerbtiefe sollte zwei Drittel der Triebstärke betragen. Diese Maßnahme unterbricht einen Teil der Wasser- und Nährstoffversorgung.
- Ein gereinigter und desinfizierter Plastikblumentopf wird so aufgeschnitten, dass er um den Trieb geklappt werden kann. Der Boden erhält ein zusätzliches Loch für das verbliebene Stängelteil.
- Topf mit Paketband wieder zukleben und mit Moos (= Abmoosen) oder Vermiculite füllen. Füllung feucht halten.

① Ausgesuchter Trieb eines Busches.

② Wurzelbildung nach etwa sechs Wochen.

③ Durch Abmoosen lassen sich in kurzer Zeit schöne Hochstämmchen mit Krone heranziehen.

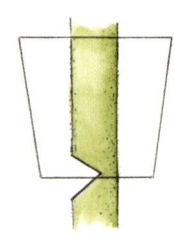

• Nach Bildung eines kräftigen Wurzelballens den Trieb an der Kerbung abtrennen und eintopfen.

Da das Abmoosen meist nur bei schwierigen Arten durchgeführt wird, kann die Bewurzelung länger dauern. Bei *B. aurea* 'Rothkirch' beträgt sie z. B. fast ein halbes Jahr.

◄ Das Abmoosen kann an verschiedenen Stellen erfolgen. Die hier gezeigte Methode – nach dem Einkerben (oben rechts) wird die Schnittstelle mit einem aufgeschnittenen, mit Moos gefüllten Kunststofftopf bis zur Wurzelbildung umhüllt – praktiziere ich seit Jahren mit Erfolg. Links sind die für das Abmoosen geeigneten Stellen gezeigt.

Der Züchter sollte seinem Produkt kritisch gegenüberstehen und es über längere Zeit hinweg genau beobachten.

Engelstrompeten selbst züchten

Wer sich schon längere Zeit und intensiv mit Engelstrompeten beschäftigt, der wird eines Tages auch selbst neue Sorten und Formen züchten wollen.

Durch züchterischen Fleiß entstanden in den letzten Jahren viele neue Blütenformen. Die Farbpalette reicht mittlerweile von zartem Rosa bis zu hellem Rot, von Gelb über Goldgelb bis hin zur leuchtenden Orangetönung. Die Haltbarkeit der einzelnen Blüten verbesserte sich erheblich. Insgesamt gesehen wurden die Engelstrompeten robuster, bedingt durch ständige Vermehrung über Samen von hier gezogenen Mutterpflanzen und über eine gezielte Auslese.

Die neuen Züchtungen entstanden unter Beteiligung aller drei Wildarten und Naturhybriden. Auf diese Weise erhielt man Mehrfachkreuzungen, in denen sich deren Merkmale wiederfinden. Diese Pflanzen werden nur noch als *Brugmansia*-Hybriden bezeichnet. Für den Züchter ist es wichtig, die Abstammung seiner Pflanzen zu kennen. Es erspart ihm viel Arbeit bei der Planung neuer Kreuzungen. Von vielen Hybriden ist die Großelterngeneration bereits bekannt.

Ich habe Abstammungsnachweise erstellt und nutze dieses Wissen in meinen eigenen Zuchtplanungen.

Ein reich blühender, 15 Jahre alter Baum von 'USA Rosa', als Solitär im Garten ausgepflanzt. Diese Sorte ist ein Elternteil vieler sehr schöner Hybriden.

Züchten erfordert Weitblick

Da es mittlerweile so viele Hybriden gibt, sollte sich der angehende Züchter vorher informieren und dann erst das Zuchtziel festlegen. Es erspart ihm etliche Enttäuschungen.

Was man wissen sollte

Engelstrompeten sind – bis auf *B. arborea* – alle selbststeril. Stecklinge, die von der selben Mutterpflanze abstammen, sind erbgleich und können daher nicht erfolgreich miteinander gekreuzt werden – sie bilden keine Samen aus. Deshalb ist die Wildform *B. aurea* 'Rothkirch' auch nicht rein erbig über Samen zu vermehren, da alle bei uns erhältlichen Pflanzen von einem einzigen, am Heimatstandort gesammelten Exemplar abstammen. Andererseits kann man wegen dieser Selbststerilität durch eine Kreuzbestäubung auch solche Pflanzen einwandfrei bestimmen, die sich in allen Teilen ähneln.

Wie geht man vor

- Die Narbe einer ausgewählten Blüte kurz vor dem Öffnen mit etwas Alufolie gegen Fremdbestäubung schützen. Nach dem Aufblühen bleibt die Narbe etwa zwei Tage befruchtungsfähig – die Dauer ist wetterabhängig.
- Mit einem Pinsel Pollen des Bestäubers (Vaterpflanze) auf die Narbe der Mutterpflanze auftragen.

- Die bestäubte Blüte wieder mit Folie schützen, bis die Blüte abgefallen ist. An der Pflanze bleiben nur Kelch mit Griffel und Narbe zurück.
- War die Bestäubung erfolgreich, ist bereits nach einer Woche die Verdickung des Fruchtknotens zu erkennen. Der Kelch umhüllt die wachsende Frucht wie ein schützender Mantel.
- Die Fruchtreife dauert, je nach Art, bis zu sechs Monaten.
- Sobald die Frucht eintrocknet, kann geerntet werden.
- Frucht bis zum Aussaattermin im Februar trocken lagern.
- Vor der Aussaat die Samen mitsamt der sie umhüllenden Korkmänteln einen Tag in 25 °C warmem Wasser einweichen, in einer Chinosollösung reinigen und desinfizieren.
- Anschließend die Samen leicht in die Anzuchterde des Saatkistchens eindrücken, das Ganze mit Chinosol übersprühen und mit Glas oder Plastikfolie abdecken.
- Bei einer Bodenwärme um 20 °C keimen frisch geerntete Samen nach 10–20 Tagen. Gelagertes Saatgut benötigt länger.
- Bis zum Auflaufen der Sämlinge zur Vorbeugung gegen Pilzbefall des öfteren mit Chinosol behandeln.

- Nach der Keimung die Abdeckung entfernen und das Saatkistchen in einem hellen und warmen Vermehrungsbeet unterbringen.
- Nach Ausbildung des ersten Blattpaares können die Sämlinge in kleine Vierertöpfe vereinzelt werden.

Die Anzucht ist auch im Zimmer möglich, doch verlaufen Keimung und anschließende Aufzucht der Sämlinge in einem beheizten Vermehrungsbeet weitaus erfolgreicher.

Vom Sämling zur Jungpflanze

Bis zu einer Größe von 50 cm sehen die Jungpflanzen alle gleich aus. Lediglich die Behaarung der Blätter und/oder Triebe ist bei manchen mehr, bei anderen gar nicht vorhanden. Nach Abschluss des Sämlingsstadiums wird die Pflanze erwachsen. Die Blätter werden größer und können eine andere Form bekommen. Bei rein vermehrten Arten unterscheiden sich die Blätter der einzelnen Pflanzen kaum voneinander. Bei Nachkommen von Mehrfachhybriden ist ein großes Formenspektrum zu beobachten: Glatte bis hin zu stark behaarte, raufilzige oder weichflaumige

Triebe, Stiele und Blätter. Dazu gezahnte oder gewellte Blattränder und hell- oder dunkelgrüne, eiförmige bis ovale oder lanzettliche Blätter.

Bei guter Pflege wachsen die Sämlinge im ersten Jahr flott heran. Auch sie werden – wie die Stecklinge – beim Umtopfen in nur wenig größere Gefäße gesetzt. Damit wird Staunässe im Wurzelbereich vorgebeugt. Aus Samen gezogene Engelstrompeten blühen unter Bedingungen des Liebhabers meist erst im zweiten Jahr. Unnötiger Rückschnitt verzögert die Blüte erheblich. *B. suaveolens* und

Der Züchter sollte seinem Produkt kritisch gegenüberstehen. Nicht alle Pflanzen aus einer Kreuzung sind kulturwürdig. Ich habe einmal von 60 Pflanzen nur eine einzige behalten.

ihre Hybriden blühen ab einer Höhe von 1,50 m. Pflanzen mit viel *B. aurea*-Anteil erreichen Längen bis zu 3 m. Erst dann sieht der Züchter das Ergebnis seiner Arbeit. Erwartung, Hoffnung, Überraschung liegen dicht beieinander. Noch öfters aber ist er enttäuscht.

auf einen blick

- Die Vermehrung gelingt am besten in Vermehrungsbeeten und mit Wärmematten.
- Bodenwärme um 20 °C einhalten.
- Nur kleine Töpfe verwenden.
- Stecklingsmaterial nur aus der Blühregion entnehmen.
- Stecklinge aus verholzten Y-Verzweigungen ergeben besonders schöne Büsche.
- Bei Jungpflanzen die Stammbasis beim Umtopfen bereits etwas höher setzen.
- Vor Beginn der Zucht informieren,

- Zuchtziel setzen und planen.
- Engelstrompeten sind bis auf *B. arborea* selbststeril.
- Erbgleiche Pflanzen bilden keine Samen aus.
- Narbe der zu bestäubenden Pflanze vor Fremdbestäubung schützen.
- Frucht bis zur Aussaat trocken lagern.
- Aussaat mit Chinosol behandeln (in der Apotheke erhältlich).
- Große Sämlinge im Herbst nicht zurückschneiden.

Schädlinge und Krankheiten

Auch Engelstrompeten sind leider nicht vor Krankheiten und Schädlingsbefall gefeit. Wichtigste Voraussetzungen für die Gesunderhaltung sind robuste Pflanzen, gute Standortwahl und Pflege, sowie bei Bedarf rechtzeitiges Eingreifen.

Mosaikartige Scheckung der Blätter durch Virusinfizierung.

Voraussetzung für gesunde Pflanzen sind stets optimaler Standort und artgerechte Pflege. Engelstrompeten sind dabei nicht krankheits- oder schädlingsempfänglicher als andere Kübelpflanzen. Dennoch können sich bei schlechter Witterung oder falscher Haltung Krankheiten ausbreiten oder Schädlinge einfinden. Wichtig ist, sie rechtzeitig zu erkennen und dann gezielt einzugreifen.

Krankheiten

Die häufigsten, bei Engelstrompeten auftretenden Krankheiten lassen sich auf einen Befall mit Viren oder Pilzen zurückführen.

Viruserkrankungen

Engelstrompeten sind nicht selten mit dem **Colombian Datura**

◀ *B.* × *candida* 'Alicia' mit ihren zauberhaften Blüten, deren Wirkung durch die farblich abgestimmte Unterpflanzung noch betont wird.

Virus, kurz CDV, infiziert. Das Virus wird von Blattläusen übertragen, welche von einer verseuchten auf eine virusfreie Pflanze überwandern. Die meisten Arten und Hybriden leben sehr gut mit dem Virus, denn sie sind virustolerant. Ausnahmen sind einige Wildformen von *B.* × *candida, B.* × *insignis* und die aus den kühlen Höhenlagen der Anden stammenden *B. sanguinea* und *B. vulcanicola.* Die beiden ersteren, aus den warmen tropischen Zonen kommenden Naturhybriden wachsen und blühen bei uns problemlos in unseren Sommern. Sie zeigen nur in den Wintermonaten deutliche Blattveränderungen.
Anders ist dies bei *B. sanguinea* und *B. vulcanicola.* Diese Arten sind einem kühlen und feuchten Klima angepasst (siehe Seite 12), weshalb sie unsere warmen, relativ trockenen Sommer nur schlecht vertragen. Dies macht sie anfällig für eine Erkrankung mit dem Virus. Diese zeigt sich in einer anfangs hell- und dunkelgrünen, dann grün-gelben Mosaikscheckung der Blätter, die bis in die Triebspitzen reicht. Hinzu kommen Blattfall, Kümmerwuchs und Absterben einzelner Triebe. Im Endstadium stirbt die Pflanze ab.
B. sanguinea ist die in Gartencentern am häufigsten angebotene Engelstrompete überhaupt, und die Käufer, von denen die wenigsten das Virus und dessen Symptome kennen, suchen den Grund für das Absterben der Pflanze in gemachten Fehlern bei der Pflege. Eine Behandlung gegen das Virus ist bisher noch nicht bekannt. Nach virustoleranten Sorten fragen! Vorbeugend handeln kann man nur mit sorgfältiger Auswahl sowie strenger Hygiene im Umgang mit der Pflanze.

Pilzerkrankungen

Pilzerkrankungen bei Engelstrompeten treten fast ausschließlich im Winterquartier auf. Wirkungsvoll vorbeugen kann man, in dem die Voraussetzungen dafür erst gar nicht geschaffen werden.

Grauschimmel *(Botrytis)*

Der Befall mit Grauschimmel kommt besonders häufig in zu feuchten, schlecht belüfteten Kellern und Gewächshäusern vor. Der Pilz besiedelt als erstes abgeworfene Blätter oder anderes totes Pflanzenmaterial und breitet sich dann über Sporen aus, die sich wie eine Staubwolke im ganzen Raum verteilen. Die Sporen keimen an gesunden Stängeln und Stammteilen, durchdringen das Gewebe und können es vollständig zerstören.
Behandlung: Im Fachhandel gibt es spezielle Mittel (Fungizide), mit denen Grauschimmel bekämpft werden kann, zum Beispiel Euparen oder Ronilan. Halten Sie sich unbedingt an die Anwendungshinweise der Hersteller!

Wurzel- und Stängelfäule

Pilze der Gattungen *Pythium* und *Phythophthora* verursachen

Großflächige Behandlung einer durch Pilzbefall verursachten Faulstelle.

Beginnender Wundverschluß: hier ist die Wunde bereits teilweise durch einen Kallus überwallt worden.

Fäulnis von Wurzeln und Stängeln. Ein typisches Schadbild ist ein Matschigwerden des Pflanzgewebes am Stammgrund. Staunässe, durchnässte Wurzelballen beim Einräumen und/oder übermäßiges Gießen im Winterquartier begünstigen den Pilzbefall.
Bei stark verholzten Stämmen bemerkt man die Erkrankung meist erst im Frühjahr, wenn die Pflanzen nicht mehr austreiben. Tastet man dann die Stammbasis vorsichtig ab, stößt man schnell auf die Faulstellen.
Leicht verholzte Triebe zeigen durch Schrumpfungen der

Stängel an, dass im Wurzelbereich etwas nicht stimmt. Befallene Pflanzen sind meist nicht mehr zu retten.
Behandlung: Liegt die Faulstelle oberhalb der Stammbasis, und die Wurzeln sind nicht betroffen, kann eine Behandlung bei Befallsbeginn durchaus erfolgreich sein. Die erkrankte Stelle wird bis tief in das gesunde Gewebe ausgeschnitten und sofort mit Chinosol besprüht. Nach Antrocknen muss die Stelle großflächig mit einem fungizidhaltigen Wundverschlussmittel wie Drawipas oder Spisin verstrichen werden.

Stängelbrand

Eine neue, gefürchtete Pilzerkrankung ist der Stängelbrand, der eine Trockenfäule an Blattstielen und Stängeln verursacht. Sehen die Triebspitzen noch gesund aus, zeigen die Blätter ab dem dritten Blattpaar Verwölbungen zwischen den Blattnerven. Später bilden sich kleine, einstichähnliche Löcher, der Blattstiel zeigt oberseits graue Flecken und Risse. Später erscheinen am Trieb eingesunkene, hellbraune Flecken mit einem schwarzbraunen Rand. Die gesamte Pflanze zeigt leichte Welke-Erscheinungen. Über die Krankheit ist noch wenig bekannt. Bei Untersuchungen erkrankter Pflanzen aus verschiedenen Beständen wurde der Pilz *Fusarium* spec. aus den Wurzeln isoliert. Pilze dieser Gattung können über verseuchtes Erdreich, zum Beispiel bei der Verwendung von ungedämpftem Kompost, die Wurzeln befallen und wandern dann mit dem Saftstrom in den Leitungsbahnen nach oben. Bestimmte Engelstrompeten-Sorten scheinen mehr betroffen als andere. Endgültige Untersuchungsergebnisse liegen jedoch noch nicht vor. Befallene Pflanzen sollten auf jeden Fall sofort vernichtet werden!

Behandlung: Eine Bekämpfung ist, wenn überhaupt, nur vorbeugend möglich. Dazu gehört auch absolute Hygiene wie Reinigen und Desinfizieren von Schneidwerkzeugen, Töpfen und Händen. Vorbeugende Spritzungen mit Mitteln gegen Halmbruchkrankheiten beim Getreide haben sich als günstig erwiesen.

Erste Anzeichen des Stängelbrandes an den Blattstielen: Blattveränderungen durch den gestörten Nährstoffhaushalt.

Schädlinge

Engelstrompeten, vor allem Exemplare, die im Garten stehen, ziehen verschiedene Schädlinge an, die bei Massenbefall zu starken Schädigungen der Pflanze führen können.

Blattläuse

Blattläuse befallen gerne und in Massen die jungen Triebe der noch im Winterquartier stehenden Engelstrompeten. Durch ihre Saugtätigkeit verkrüppeln nicht nur die jungen Blätter, auf ihren klebrigen Ausscheidungen, dem so genannten Honigtau, siedeln sich Rußpilze an, die Blätter und Stämme sehr schnell mit einer unansehnlichen, schwarzen Schicht überziehen. Vor allem während des Neuaustriebes im April und Mai

Beim Fortschreiten bilden sich schwarzbraune, sich vergrößernde und vermorschende Flecken.

können die Pflanzen erheblich durch Blattläuse geschädigt werden. Diese können auch gesunde Pflanzen mit dem CDV-Virus infizieren (siehe Seite 85).

Bekämpfung: Blattläuse sollten so früh wie möglich bekämpft werden. Bewährte Mittel sind Spruzit oder Pirimor. Die neuen Celaflor-Stäbchen sind, bei einsetzendem Wachstum, ebenfalls ein gutes Mittel mit länger anhaltender Wirkung.

Eine durch Spinnmilben stark geschädigte Engelstrompete. Typisch: die silbrige Sprenkelung auf der Blattoberseite.

Hier die Rückseite der mit Spinnmilben befallenen Blätter.

Nützlinge wie Schweb- oder Florfliegen und Marienkäfer sorgen dann im Sommer für eine blattlausfreie Engelstrompete. Der Einsatz von Nützlingen ist im Winter weder im Gewächshaus noch im Keller möglich. Sie benötigen zur Entwicklung Temperaturen um 18 °C und sind ohnehin erst ab März erhältlich. Bis dahin haben sich die Blattläuse bereits so stark vermehrt, dass ihr Einsatz auch nichts mehr bringt.

Spinnmilben (Rote Spinne)

In trockenen, warmen Sommern können Spinnmilben massenweise auftreten und die Pflanzen durch ihre Saugtätigkeit so schädigen, dass Blätter, Triebe und Knospen eintrocknen und abfallen. Der Befall wird oft erst bemerkt, wenn die Blätter aufhellen und oberseits silbrig schimmern. Die Pflanze ist dann schon mit feinen Gespinsten überzogen, in denen die winzigen, leicht rötlich gefärbten Milben mit bloßem Auge erkennbar sind.

Bekämpfung: Beim ersten, sichtbaren Befall muss sofort behandelt werden. Falls erhältlich, ist Pentac das Mittel erster Wahl. Bei einer oder wenigen Pflanzen hilft Lizetan-Spray.

Die bei zu warmer Überwinterung ebenfalls auftretenden Spinnmilben werden durch die von Temperatur und hoher Luftfeuchte abhängigen Raubmilben nicht dezimiert.

Thripse

Das Schadbild der Thripse ähnelt dem der Spinnmilben. Nur sieht man hier anstelle feiner Gespinste winzige Kottröpfchen auf der Unterseite der Blätter.

Bekämpfung: Thripse lassen sich sehr gut mit Decis oder Perfekthion bekämpfen.

Blattwanzen

Blattwanzen verursachen besonders an *B. suaveolens* und deren Hybriden große Schäden, denn sie saugen mit Vorliebe an den jungen Herzblättchen. Die Blütenknospen bleiben dagegen verschont. An den Einstichstellen bilden sich kleine Löcher mit bräunlichem Rand, und die Blättchen verkrüppeln. Erst mit zunehmendem Blattwachstum wird der Schaden sichtbar. Den Verursacher sucht man dann aber vergebens.

Bekämpfung: Ab Juni Sprossspitzen kontrollieren. Blattwanzen lassen sich bei den ersten

Anzeichen gut mit Perfekthion oder Decis bekämpfen. Vorbeugend können die Sprossspitzen auch mit dem Stäubemittel Hortex-Neu behandelt werden, das sich besonders bei Jungpflanzen gut bewährt hat.

Weichhautmilben

Die winzigen, nur 0,25 mm großen Weichhautmilben lieben, im Gegensatz zu den Spinnmilben, niedrigere Temperaturen und hohe Luftfeuchte. Die kleinen Tierchen sitzen nur in den winzigen Herzblättchen junger Triebe. Durch ihre Saugtätigkeit bleiben die Blättchen klein, verhärten sich und werden glasig, die Triebe sterben ab.

Bekämpfung: Die Milben sind nur bei konsequenter Behandlung erfolgreich zu bekämpfen. Bei ersten Anzeichen von Schäden, meist an kühlen Junitagen, schneidet man die Pflanzen zurück. Sie werden so gründlich ausgeputzt, dass kein Grün an den Pflanzen verbleibt. Anschließend besprüht man alle Stamm- und Stängelteile tropfnass mit Hortex. Die Prozedur wird noch einmal im Herbst und im darauf folgenden Frühjahr wiederholt. Ein anderes, jedoch hochgifti-

Verkrüppelte Sproßspitzen und gekräuselte Blätter durch starken Weichhautmilbenbefall an einer Engelstrompete.

ges Bekämpfungsmittel ist Vertimec. Da es sehr teuer ist, sollte man seinen Gärtner um etwas fertige Spritzbrühe bitten. Auch bei der Verwendung von Vertimec müssen die Pflanzen ausgeputzt werden, um keine Milbe zu verfehlen.

Ohrwürmer

Ohrwürmer können an Engelstrompeten ziemliche Schäden anrichten. Sie kriechen abends in die kleinen Herzblätter der jungen Triebe, die ihnen in geschlossener Schlafstellung einen hervorragenden Schutz bieten. Von dort aus befressen sie die jungen Blätter und ver-

Ölhaltige Insektenbekämpfungsmittel (Insektizide) werden von der Engelstrompete nur schlecht vertragen.

schonen auch die Knospen nicht. In nur wenigen Nächten werden die Triebspitzen völlig zerstört.

Bekämpfung: Ohrwürmer lassen sich mit Decis und Perfekthion gut bekämpfen – beide Mittel haben eine abschreckende Wirkung. Man kann sie aber auch mit strohgefüllten Blumentöpfen, die umgekehrt in die Pflanzen gehängt werden, und den Tieren tagsüber als Unterschlupf dienen, fangen und weit entfernt wieder freilassen.

Erdraupen und Frostspannerraupen

Besonders groß sind die Fraßschäden der schmutzigfarbenen Erdraupen. Sie verkriechen sich tagsüber im Boden und gehen erst in der Dunkelheit auf Nahrungssuche – von den Blättern bleibt in der Regel nur noch das Gerippe übrig. Die nachtaktiven Raupen hinterlassen dicke grüne Kotwürste.

Typischer Buchtenfraß der graubraunen Erdraupen.

Die graubraunen Erdraupen sind besonders gefräßig.

Die Raupe des Frostspanners in ihrer typischen Fortbewegungsweise.

Die grünen Raupen des Frostspanners bleiben auf der Pflanze. Tagsüber tarnen sie sich so gut, dass sie sogar von futtersuchenden Vögeln übersehen werden. Sie fressen kleine runde Löcher in die Blätter. **Bekämpfung:** Beide Raupenarten lassen sich sehr gut mit *Bacillus thuringensis* bekämpfen.

Schnecken

Schneckenfraß unterscheidet sich vom Raupenfraß, durch in die Blätter geraspelte Löcher. Nacktschnecken verbringen den Tag in einem Versteck in der Nähe ihrer Futterpflanze. Das kann unter oder sogar im Pflanzkübel sein.
Bekämpfung: Salat- oder abgefallene Engelstrompetenblätter in kleinen Häufchen als Versteckmöglichkeiten auslegen und morgens die Schnecken absammeln.
Acker- und Wegschnecken lassen sich nur erfolgreich mit Schneckenkorn bekämpfen. Wer das nicht will, kann einen dicken breiten Ring aus Gesteinsmehl, Sand oder Sägemehl um die Pflanzen streuen. Bei Verwendung von Gesteinsmehl muss nach Regenfällen dieser Ring jedoch erneuert werden.

Pflegefehler

Sehr viele Schäden an Engelstrompeten sind weder auf Krankheiten noch auf Schädlinge zurückzuführen, sondern sind eine Folge falscher Pflege.

Mangelerscheinungen

Normalerweise treten bei ausreichender Düngung mit einem guten Nährsalz, abgestimmt auf die Karbonathärte des verfügbaren Gießwassers, keine Mangelerscheinungen auf. Jedoch werden aus Unkenntnis immer wieder organisch-mineralische Fest- und Flüssigdünger eingesetzt, die kaum Nutzen haben. Mit dem hier vorhandenen mineralischen Anteil hungert sich die Engelstrompete durch den Sommer.

Stickstoffmangel
Bei Stickstoffmangel verfärben sich zunächst ältere Blätter hell- bis gelbgrün. Die Verfärbung breitet sich schnell bis in die Triebspitzen aus, das Wachstum stockt, nach und nach fallen die Blätter ab.
Behandlung: Bei akutem Stickstoffmangel gibt man schnellwirkende Dünger wie Kalksalpeter oder Kalkammonsalpeter (27 N). Auf die Dosierung achten!

Vergilbungen und Aufhellungen der Blätter, bedingt durch Stickstoffmangel.

Für eine größere Pflanze in einem 20-l-Gefäß werden 20 g des genau abgewogenen Granulats auf die Substratoberfläche gestreut und eingegossen. Innerhalb einer Woche tritt eine sichtbare Erholung ein. Die Blätter erhalten ihre satte grüne Farbe zurück, und die Engelstrompete treibt kräftig aus. Nach der hohen Stickstoffgabe die normale Düngung ca. zehn Tage aussetzen.

Kaliummangel

Kaliummangel zeigt sich durch Verbräunen der Blattspitzen und -ränder. Die Blatthälften rollen sich ein. Die Blätter selbst aber bleiben noch lange hängen, ehe sie abfallen.

Behandlung: Kaliummangel lässt sich durch kleine Gaben von Patentkali beheben. Ausgewogenen Volldünger verwenden!

Kalkmangel

Kalk neutralisiert die durch Wurzelausscheidungen entstandenen Säuren und stabilisiert den pH-Wert. Kalkmangel kann zu Störungen des Wachstums führen. Auch Kalk wird ausgewaschen.

Behandlung: Kalk kann über entsprechendes Gießwasser laufend nachgeliefert werden.

Eisenmangel (Chlorose)

Engelstrompeten haben einen hohen Eisenbedarf, der durch die Düngung nicht immer abgedeckt wird. Eisenmangel zeigt sich zuerst an den Triebspitzen. Die jungen Blätter bekommen eine fahlgelbe Färbung, nur die Adern bleiben grün. Die Verfärbung greift auch auf die älteren Blätter über.

Behandlung: Ein- bis zweimalige Gabe von Fertrilon.

Magnesiummangel

Magnesiummangel erkennt man an der gelbgrünen Scheckung der unteren Blätter. Die Pflanze zieht das Magnesium aus dem Blattgrün heraus, die Blätter fallen ab. Zum Schluss sind alle Stängel bis auf die Triebspitzen kahl.

Behandlung: Magnesiummangel tritt sehr selten auf. Lediglich virustolerante *B. sanguinea*-Pflanzen benötigen ein bis zwei Gaben Magnesium in Form von Bittersalz.

auf einen blick

- Virusbefall ist nur in Isoliergewächshäusern zu verhindern.
- Die meisten Wildformen und sehr viele Sorten sind virustolerant.
- Pilzerkrankungen lassen sich leicht verhindern: Abtrocknen des Wurzelballens vor dem Einräumen im Herbst, sparsam gießen, an frostfreien Tagen gründlich lüften, größere Wunden mit Wundverschlussmittel behandeln.
- Blattläuse und Spinnmilben im Winterquartier frühzeitig bekämpfen.
- Auf Mangelerscheinungen durch falschen oder ungenügenden Dünger achten.
- Bei Verwendung von Regenwasser als Gießwasser pH-Wert des Substrates öfter überprüfen.
- Zu niedriger pH-Wert kann Mangelerscheinungen (Chlorose) und Krankheiten verursachen.

Bezugsquellen und Adressen

Pflanzen

Deutschland:

Spezialgärtnereien und Mitglieder des Brugmansienfreundes- und Züchterkreises verfügen über ein breites Angebot neuer Hybriden. In alphabetischer Reihenfolge:

- Arbeitsgemeinschaft der Brugmansienzüchter
  siehe Monika Gottschalk
- Engelstrompetenraritäten
  Monika Gottschalk
  Diebsteinweg 18
  36358 Herbstein-Lanzenhain
  Tel./Fax: 06643/17 94
- Kübelpflanzen- und Engelstrompetenraritäten
  Gärtnerei Schmitt
  Brückenstraße 3
  36364 Bad Salzschlirf
  Tel.: 06648/23 79
  Fax: 06648/35 11
- Langenbuscher Kübelgarten
  Dorothea und Herbert
  Langenberg
  Langenbusch 263
  42897 Remscheid
  Tel.: 02192/22 62
- Exotische Kübelpflanzen
  Gartenbaubetrieb und
  Versandgärtnerei Koitzsch
  Arheilger Straße 16
  64390 Erzhausen
  Tel.: 06150/61 47

- Kübelpflanzen und exotische
  Pflanzenraritäten
  Gartenbaubetrieb Pfitzer-
  Pflanzen
  Postfach 18 08
  70708 Fellbach
  Tel.: 0711/58 13 70
  Fax: 0711/57 40 21
- Fuchsien und Kübelpflanzen
  Rudolf und Klara Baum
  Scheffelrain 1
  71229 Leonberg 1
  Tel.: 07152/2 75 58
  Fax: 07152/2 89 65

Frankreich:

- E. A. R. L. Hodnik
  F–45700 St. Maurice Fessard

Großbritannien:

- Thompson & Morgan Ltd.
  Poplar Lane
  Ipswich, Suffolk, P83BU
  (Pflanzen und Samen)

Düngemittel

- Monika Gottschalk
  Diebsteinweg 18
  36358 Herbstein-Lanzenhain
  Tel./Fax: 06643/17 94
- Langenbuscher Kübelgarten
  Dorothea und Herbert
  Langenberg
  Langenbusch 263
  42897 Remscheid
  Tel.: 02192/22 62

Geräte und Zubehör

Vermehrungsbeete, Thermolux-Heizmatten, Zubehör:

- Fa. Ing. G. Beckmann
  Simoniusstraße 10
  88239 Wangen/Allgäu

Pflanzgefäße, Pflanzstoffe (Vermiculit), Kleingewächshäuser, Zubehör:

- Fa. Manfred Meyer
  Eckenheimer Ldstr. 334
  60435 Frankfurt a. M.

Adressen

Brugmansienfreundes- und Züchterkreis und deren Arbeitsgemeinschaft

1996 wurde in Herbstein/Vogelsberg der Brugmansienfreundes- und Züchterkreis gegründet. Der Freundeskreis fasst als Tätigkeitsfeld mehrere Aspekte ins Auge:

- Die genaue Arten- und Sortenbestimmung der Engelstrompeten und die Vorstellung neuer unbekannter Hybriden in den Fachmedien.
- Um die Eigenschaften einzelner Neuheiten herauszufinden und über die Kulturwürdigkeit zu befinden, wurde extra eine Stelle eingerichtet.

Stichwortverzeichnis

• Natürlich möchte der Freundeskreis die Engelstrompeten einer breiteren Öffentlichkeit zugänglich machen, in der Hoffnung, weitere Liebhaber für diese herrlichen Pflanzen zu gewinnen.

• An Interessenten werden (autorisierte) Bezugsquellen zum Erwerb von Jungpflanzen weitergegeben.

Mitteilungen und andere Veröffentlichungen des Freundeskreises erscheinen in:

Grüner Anzeiger
Anzeiger Magazin für
Pflanzen und Garten
Baumkamp 56
22299 Hamburg
Tel.: 0 40/51 91 64,
Fax: 0 40/51 91 65

Bildnachweis:

Baum: 88u

Blin: 17l, 18or, 19or, 20o, 20u, 21o,
220, 230, 26u, 27o, 3or, 35or, 35ol,
41, 42u, 43o, 44, 47, 72

Henseler: 90m

Langenberg: 13, 53, 61

Pforr: 16

Reinhard: 6, 7, 8, 90l, 55, 56l, 59

Reitmeier: 90u

Seidl: 60, 91

Strauß: 900

Alle anderen Bilder von
Monika Gottschalk.

Grafiken: Heidi Janiček.

Die Deutsche Bibliothek –
CIP-Einheitsaufnahme

Ein Titelsatz für diese Publikation
ist bei Der Deutschen Bibliothek
erhältlich

BLV Verlagsgesellschaft mbH
München Wien Zürich

80797 München

© 2000 BLV Verlagsgesellschaft mbH,
München

Umschlaggestaltung: Studio Schübel,
München
Umschlagfotos:
Borstell (Vorderseite oben),
Strauß (Vorderseite unten)
Reinhard (Rückseite)

Layoutkonzept Innenteil:
Studio Schübel, München

Lektorat: Dr. Thomas Hagen
Herstellung: Hermann Maxant

Layout und DTP: Satz + Layout
Peter Fruth GmbH, München
Reproduktionen: Digital Picture
Reprotechnik GmbH, München
Druck und Bindung:
Druckhaus Neue Stalling, Oldenburg

Gedruckt auf chlorfrei gebleichtem
Papier

Printed in Germany ·
ISBN 3-405-15760-9

Exotische Schönheit für zu Hause

Christoph und Maria Köchel
Kübelpflanzen
Der Traum vom Süden
Exotische Pflanzen für Wintergärten und Terrassen: das Standardwerk in Neuausgabe – mit Porträts von über 160 Kübelpflanzen aus aller Welt in Bild und Text, Gestaltungsvorschlägen, Pflanzplänen für Wintergärten und wertvollen Pflegehinweisen.

blv garten plus
Peter Lange
Kübelpflanzen
Urlaubsstimmung für zu Hause: die schönsten Arten und Sorten im Porträt, Standorte, Gefäße, Pflegen, Überwintern, Pflanzenschutz.

Christoph und Maria Köchel
Pflanzenparadies Wintergarten
Das ganze Jahr im Grünen wohnen: 380 Pflanzen aus aller Welt, Bepflanzungsbeispiele für verschiedene Wintergartentypen, Praxisteil mit Tipps zu technischen Details, Planung und Gestaltung.

Helga Urban
Ein Garten der Düfte
Duft und seine Bedeutung für den Garten, der Zusammenhang zwischen Duft und Farbe, die Gestaltung von Gartenbereichen mit Duftpflanzen; die wichtigsten Duftpflanzen im Porträt mit Hinweisen zu Duftintensität und Duftcharakter bei jeder Pflanze.

Wolfgang Rysy
Das BLV Orchideen-Buch
Die schönsten und wichtigsten Orchideen aus 60 Gattungen im Porträt mit Informationen zu Herkunft, allen wichtigen Merkmalen, Verbreitung und Lebensweise, Pflanzen- und Blütenaufbau, genauer Kulturanleitung.

Elisabeth Manke
Das BLV Kakteen-Buch
380 Arten mit ihren Merkmalen (Herkunft, Wuchsform, Blütezeit usw.); zu jeder Art: Tipps zur speziellen Pflege und interessante Details; Botanik und Herkunft der Kakteen, Wuchsformen, Allgemeines zu Pflege, Überwinterung, Pflanzenschutz.

Im BLV Verlag finden Sie Bücher zu den Themen: Garten und Zimmerpflanzen • Natur • Heimtiere • Jagd und Angeln • Pferde und Reiten • Sport und Fitness • Wandern und Alpinismus • Essen und Trinken

Ausführliche Informationen erhalten Sie bei:

BLV Verlagsgesellschaft mbH • Postfach 40 03 20 • 80703 München
Tel. 089 / 12705-0 • Fax 089 / 12705-543 • http://www.blv.de